「起業」の歩き方

藤野英人

実務教育出版

はじめに

　正直に告白すると、かつて私はベンチャー企業やベンチャー経営者をいかがわしい存在だと思っていました。その私が新興企業に投資をするプロになり、自身もベンチャー企業を立ち上げることになるのですから、人生とは面白いものです。

　そもそも私の家族や周辺には、あまり起業家らしい人はいなかったので、会社を作るのは自分にはまったく関係のないことだと思っていました。ところが、大学を卒業して入社した会社でたまたま配属されたのが日本の中堅企業に投資をする部署だったのです。

　カルチャーショックの連続でした。オーナー企業の社長と毎日のようにディスカッションし、彼らの考え方や生き方に強制的に触れざるを得ない生活へと変わったのです。はじめは考え方や価値観をまったく理解できませんでした。当たり前です。大学を出たばかりの私はそれまで起業家と接したこともなければ、ビジネスとは何かについての知識もなく、彼らが何に興味があり、何を喜び、何にイラつくのかという感覚がわからなかったからです。

それから、わからないなりにも経営者の話や半生、経営哲学を聞くうちに、段々と彼らの考え方や価値観がわかるようになってきました。わかるようになってくると、起業家に対する関心が芽生えてきました。興味が湧けば湧くほど理解も深まりました。そしてベンチャービジネスそのものに興味を持つようになり、5年も経つといつか自分も起業家としての挑戦をしてみたいと思うようになっていたのです。

結果的に、私は国内、外資系の会社を経てレオス・キャピタルワークスという会社を創業することになりました。また、2013年3月に上場したウォーターダイレクトは自らが創業者の1人として立ち上げた会社です。ベンチャーにネガティブなイメージを持っていた私自身が2社の創業に関わることになったのです。

他にも多くの企業に投資をしてきましたが、日本の場合、上場と未上場の両方の企業への投資を経験している人は少なく、結果的にそれができたことで企業を見る視点に深みが増したと思っています。上場企業と未上場企業では経営スタイルはずいぶん異なりますし、特にオーナー社長とサラリーマン社長の違いは顕著です。

＊　＊　＊

本書は、実際に関わったレオス・キャピタルワークス、ウォーターダイレクトに加えて、上場前からお手伝いをしたケンコーコムの3社のリアルストーリーを通じて、ベンチャー企業経営にありがちな問題や状況への対処法を、各成長ステージに合わせて語ったものです。

3社について簡単にご説明しましょう。

レオス・キャピタルワークスは資産運用会社です。私がファンドマネジャーをしているひふみ投信は、12年、13年のR&I社の日本株投信のファンド大賞で、それぞれ最優秀賞、優秀賞を獲得し、運用成績ではいまのところ圧倒的な成果が出ています。本書では創業時の悪戦苦闘を紹介しています。

ウォーターダイレクトは『クリティア』のブランドで富士山の最高品質の水を各家庭にお送りするというホームオフィスデリバリーをしている会社です。ご家庭に水のサーバーを置いていただいて、12リットルの水をペットボトル容器に入れてお送りします。当社はリヴァンプの玉塚元一さん（現ローソン取締役代表執行役員）と日本テクノロジーベンチャーパートナーズの村口和孝さんとでスタートした会社です。途中でリヴァンプから入った伊久間社長が資金調達や営業、顧客からのクレーム処理などを粛々とこなしながら、上場を達成した話を紹介しています。

ケンコーコムは、最近では薬のインターネット販売についての裁判で国を相手取って勝訴したことで話題ですが、日本全国の健康食品や医薬品を幅広く電子商取引の形態で販売している会社です。ここでは上場準備に関わる話を取り上げています。

これらの企業の本物のエピソードを、私の目線から実在の登場人物とともに語っています。1つ1つの事例はそれぞれの会社で起きた個別の話ですが、特殊な事例を書いたわけではなく、どこのベンチャー企業も成長の過程でしばしば遭遇することです。エピソードの中で数字がついている箇所はその後の解説とリンクしている部分です。これらのエピソードを読み進めてからその後の解説に目を通すと、起業の追体験ができるようになっています。

＊　＊　＊

私は、起業は必ずしも高いハードルではないと思っています。

「ベンチャー企業家に向いた資質があるか」と言えば、あると思います。リスクや変化を受け入れ、将来の夢のために現在のつらい状況を耐えることのできる能力は特にあった方がよいでしょう。ただ、それが絶対かと言えばそうではありません。その資質以上に、ベンチャー企業経営についての「正しい知識」を持っていることが重要であると考えています。

起業における誤解はいろいろとあります。起業をするためにはとんでもない大金が必要となる、失敗したらもう二度とまともな生活ができなくなる、会社を作ることは特殊技能で普通の人にはできるわけがない、などなど。これらの思い込みが必ずしもそうとは限らないことが、この本を読むと理解できるでしょう。

＊　＊　＊

先日、ユーグレナの出雲社長とお会いした時にベンチャー企業論議で盛り上がりました。出雲社長は「ミドリムシ」を使って、人間にとって必要な栄養素がしっかり含まれている夢の食品とジェットエンジンの開発に挑戦されている起業家です。彼のところには、多くの人たちが起業家になりたいと話をしに来るそうです。

「起業したいと考えているのですが、私はするべきでしょうか？」

このような質問をする人に対して、出雲社長は「やめた方がいい」と説得するそうです。悪いことは言わない。いまの会社で頑張りなさい。起業は大変だよ、と。それには大いに共感しました。なぜなら、私もそのような人には起業を勧めないからです。むしろ徹底的に止めます。

意外に思われるかもしれません。そもそもこんな本を出すくらいだから、1人でも多くの起業家を育てたいと思っているはずではないのか。だいたい先ほど、「起業は必ずしも高いハードルではない」と述べたばかりですしね。

もちろん本音は「大いに起業して挑戦しよう」と答えたいところですが、私たちに何を言われても「やる人はやる」のです。説得されてやめるような人は、起業に向いていません。そういう人は起業しない道を選ぶ方が正解です。でも、強い制止を振り切ってでも起業する人は、起業に向いています。起業するかしないかは最終的には本人の意思ですから、促してまでさせるものではないのです。

実際に反対しても起業する人は一定数います。そういう人には、出雲さんも私も「仕方がないなあ」と言ってアドバイスしたり、必要があれば支援したりします。止めても起業してしまった人はやる気があるということですから、こちらとしても行動を起こした人を応援した方がいいに決まっています。

＊　＊　＊

起業するかどうか悩んでいる人は、ぜひ本書を読んでみてください。そして何だか熱くなった人、あなたは起業に向いています。成功するかどうかはわからないけれども、やってみる価値はあるでしょう。起業の準備に入ってください。もし自分には難しそうだと思った人は、起業しない方が賢明な判断だと思います。

この本の読者には、きっと既に起業している人もいるでしょう。いつかは公開企業にしたいと考えている人もたくさんいると思います。そういう人は、ぜひ熟読してみてください。ＩＰＯ（新規公開株）をしたい人には、とてもよい助けになると思います。

さあ、第1章から読んでみましょう。

ベンチャービジネスの世界へようこそ。

目次 「起業」の歩き方

第2章 アーリーステージ 会社の方向性を定めビジネスを拡大させる

Early Stage

第3章 ミドルステージ 企業としての形を整え、ピンチを乗り切る

Middle Stage

第4章 レイトステージ
出口戦略を固め、新たな「入口」へ突き進む

Late Stage

カバーデザイン／寄藤文平＋杉山健太郎（文平銀座）
本文デザイン／新田由起子（ムーブ）
本文ＤＴＰ／ムーブ

第1章

スタートアップ

信頼できる仲間とともに起業のタネを蒔く

Episode 1

創業期を乗り越えるために必要なもの

甘え上手が創業期を左右する!?

「ただいまー！　皆さん、喜んでくださぁい。今日も大収穫ですよ！」

いつものように、明るいオーラを発散しながら、勢いよく扉を開けたのは創業メンバーの相良だ。〝収穫〟と言いながら配り始めたのは、美味しそうな総菜パン。元気でオープンな性格の彼女は、友だちを作るのがとても得意（いまは管理系の仕事を担当しているが、本来は営業向きだと思っている）。

最近仲良くなったという近所のパン屋さんの閉店間際に、ほぼ毎日〝たまたま通りかかった風を装って〟お邪魔し、売れ残りのパンを頂戴してくるのだ。

私たちはそれを残業食としてありがたくいただく。「今日はアタリだなぁ」「あの店長、僕らだけで行っても何もくれないのに」なんて言いながらパンをほおばるのは、同じく創業メンバーの五十嵐と湯浅だ。

ここは千代田区一番町にあるビルの一室。私たちが3カ月前に設立したレオス・キャピタルワークス株式会社のオフィスだ。オフィスと言っても、決して立派なものではない。四角い空間にあるのは、私を含めて[02]4人分の机、椅子、電話、冷蔵庫、パソコン、ホワイトボードくらい。来週、ようやく応接用のテーブルセットが揃う予定だ。

「起業」というと、真新しいピカピカのオフィスで華々しくスタートする印象を抱きがちだが、実際は違う。私の自己資金をメインに集めた資本金1000万円は、オフィスのリフォームや従業員への給与支払いで、みるみる減っていった。新品の備品を揃えるような見栄にかける余裕はない。もっと言えば、例え資金が潤沢であったとしても、私はかけるべきコストではないと考えている。

実際、ほとんどの[04]備品をタダで調達していた。つまり、〝もらいもん〟でまかなっていたのだ。起業を決めた時、知り合いに声をかけて「いらない備品は何でも譲ってくれ」とお願いした。わかりやすいように「ほしいものリスト」まで作ったほどだ。すると、「部署の閉鎖があるから机と椅子なら提供できる」「お祝いにオシャレな急須を贈りますよ」と続々と集まってきた。そも

02
創業時の
最適な人数

04
備品はできるだけ
買わない

そも、この部屋も理解ある支援者の方がほぼ無償で提供してくれたものだ。

備品はいろいろな持ち主から集めたので色やデザインもバラバラだが、それがかえっていいと思っている。タダで備品をもらえる縁こそが、大きな大きな財産なのだ。たくさんの人に応援してもらえるように働きかける力が試されているとも言える。

だから私にとって、この小さなオフィスに集まった不揃いの備品の1つ1つが勲章なのだ。お金を使わず縁をフル活用できることは、ベンチャー起業家にとって必須の資質かもしれない。人に上手に甘えられるタイプこそが強いのだ。

つらい環境を楽しむ力を身につけよう

もう1つ大事だと思う資質は、変化を楽しめる力だ。[05]
「デパートでクレジットカードを作れなかったの。前の会社にいた時はあり得ないってば。もう、新っ鮮な体験よね！」
そのようにカラカラと笑う相良は見事に切り替えられているが、ベンチャー企業に入るとカルチャーショックに悩む人は多い。彼女が身を持って体験した

05
起業に向いている
性格とは

のは、ベンチャー所属という身分がいかに社会的に信頼されていないかという現実だ。大手証券会社にいた彼女にとって、ここに来てからの経験はまさに新鮮尽くしだろう。

サラリーマンとして大企業しか経験してこなかった私自身も、正直環境の変化に戸惑うこともあった。一番しんどかったのは、社長自らが企業活動に関わるすべての雑務をこなさなければならないことだ。総務部などの管理部門がいかに膨大な仕事をしていたのかが身に染みて、あらためて感謝したくなった。起業してからというもの、営業も広報も管理もすべてやらなければならないので仕事量は膨大になった。でも、心は不思議なくらい晴れ晴れとしている。その理由は、やりたいことを一緒に実現したい[01]仲間とともにできているからだろう。

これまでは、会社は私にとって得体の知れないもので、不満を抱えることもあった。でも、いまは[03]会社は私自身である。自分自身が実現したいことを追求することが仕事であり、会社のカタチになる。

さあ、明日は会社のロゴを決める会議がある。デザインは、いつかお願いし

01
「何をやるか」と同じくらい大事な「誰とやるか」

03
共同創業では明確な「勝ち負け」をつける

たいとずっと思っていたデザインオフィスｎｅｎｄｏに依頼した。思いを込めて名付けた『レオス・キャピタルワークス』という社名がどんな形になるのか、想像するだけで胸が高鳴ってきた。

少し油の染みたパンをかじりながら夢の味を噛みしめて、今日も夜が更けていく。

01 「何をやるか」と同じくらい大事な「誰とやるか」

私がレオス・キャピタルワークス（以下、レオス）という会社を起業したのは、２００３年４月のことです。起業準備は前年の秋から始めていました。

現在では、年金基金をはじめとする機関投資家の資産運用と個人向けの投資信託の販売業を２本柱とするレオスですが、実は創業当初は経営コンサルティングを柱とした事業モデルを描いていました。

企業規模に関わらず、世界市場に挑める先進技術や独自の強みを持った企業がより力を発揮するために、効果的な戦略を一緒に考え、提案し、力になりたい――。そういう想いで、新たなステージに立とうと希望に胸を膨らませていました。結果的には投資顧問業を事業とすることになりましたが、創業当時の〝想い〟はいまも変わっていません。

起業パートナーを選ぶ基準

「起業しよう！」と思い立った時にまず考えるのが「何をやるか」、つまりどんなモノやサービスを売るかということです。この時、同時に考えるべきことが「誰とやるか」です。

ＩＴ技術が発達・普及した現代では、10年前どころか5年前と比べても作業の効率化が格段に進み、事業の種類によっては1人で起業することも可能になりました。しかし、やっぱり仲間がいるといないとでは、実現できる事業のスケールも違ってきます。

また、仲間との共同創業はリスクを減らしてチャンスを広げることができます。何より、喜びを一緒に分かち合えて苦しい時に支え合える仲間の存在はとても大きいものです。ですから、起業の苦楽を共有して運命をともにする仲間選びは慎重に進めましょう。

私が自分自身の経験や周囲の話を聞いて得た結論は、結局のところ起業のパートナーは〝いい人〟かどうかが大事であるということです。いい人とは、「起業家自身の人生や仕事に対する価値観と近い人物である」ことと、「人格的に信頼できる人物である」ことの2つを意味します。

価値観は人それぞれ違うものなので、いい人の具体像は異なります。ですので、いいパートナー探しとはまずは自分を知ることと言ってもいいでしょう。いまは企業の採用活動については多様性《ダイバーシティ》が求められる時代ですが、ベンチャーの創業期に関して言えば、できるだけ経営者と近い価値観を持った同質性の高い仲間を集めた方がいいと思います。

能力と人格、優先すべきはどっち？

また、強調しておきたいのは人格の良さはとても重要であるということ。人材選びの基準は、「仕事ができる／できない」という能力軸と、「人格がいい／悪い」という人格軸をイメージしてみてください。（22ページ参照）

人材のタイプには、Aタイプ「仕事ができて、人格もいい」、Bタイプ「仕事はできるが、人格が悪い」、Cタイプ「仕事はできないが、人格はいい」、Dタイプ「仕事ができず、人格も悪い」の4つがあります。

能力も人格も文句なしのAタイプの仲間候補がいたら、誰もが迷わず声をかけるで

４つの人材候補マトリクス

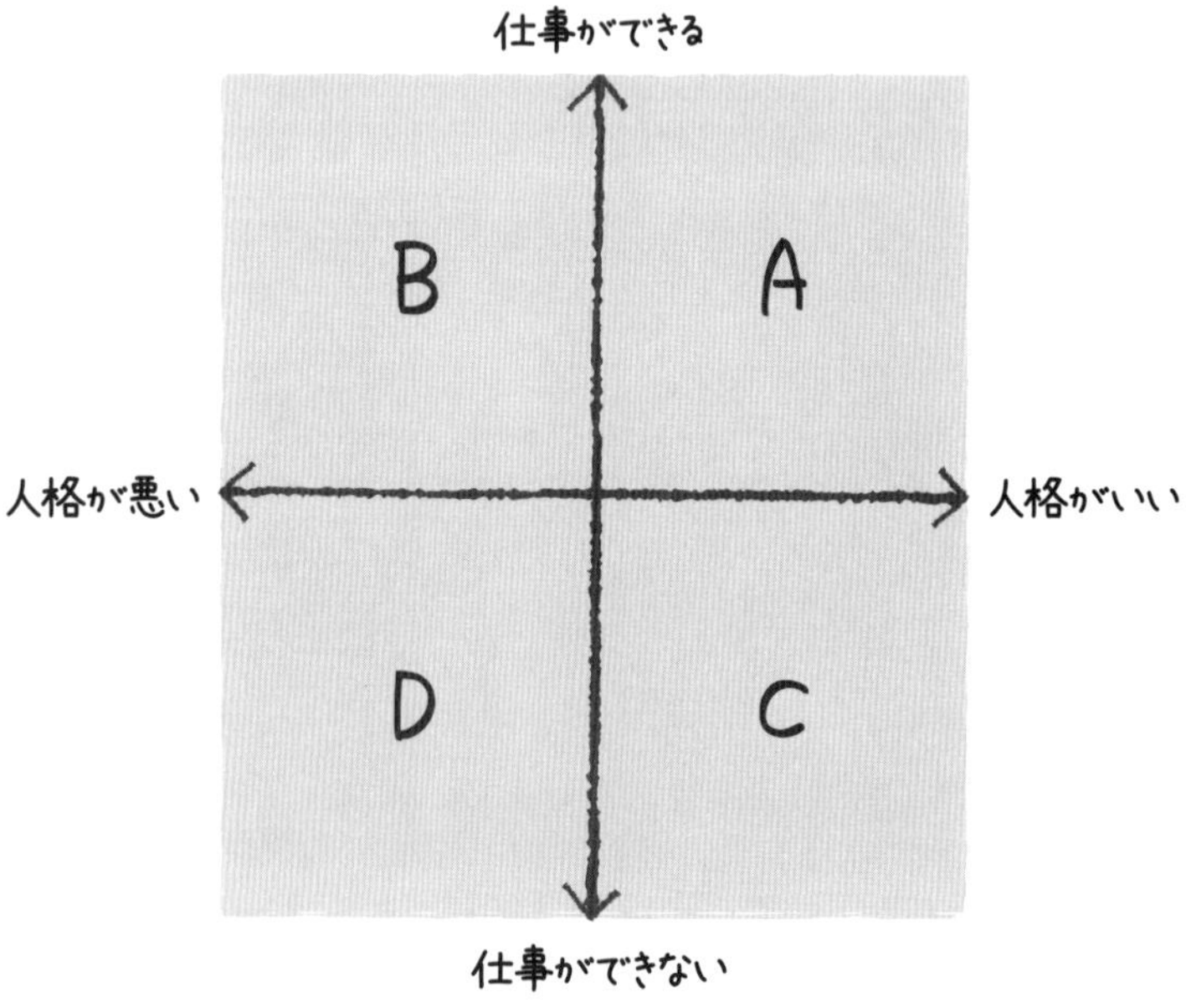

しょう。反対に能力に不安があり、人格もよくないDタイプにわざわざ声をかける人はいません。迷うのは、BタイプとCタイプです。あと１人増やしたいという時に迷ったとしたら、どちらを選ぶべきか。私が考える正解はCタイプです。

なぜなら、仕事ができても人格がよくないBタイプは、場合によっては会社を破壊しかねないからです。いくら能力が高くても人格に難があれば、よからぬことに能力を働かせてしまうことだってあり得ます。人数が少ない創業期に仲間の裏切りがあっては、非常に大きなダメージになり、経営者はエネルギーを削がれてしまいます。

その点、Cタイプは無害であり、人格がよければ成長の可能性も高いというわけです。人格の修正はなかなかできないけれども、スキルの習得は技術の問題です。より価値観の合う人とともに成長していく方が、会社の伸びしろは大きいと思います。

02　創業時の最適な人数

私が考える創業時の最適な人数は3〜4人です。２人だけだとちょっと息が詰まってしまい、５人を超えると当事者意識を持てない人や仕事に手を抜いてしまう人が出現するリスクが高まるからです。創業期において、メンバー全員が当事者意識を持って真剣に仕事に打ち込める体制であるかどうかは、「会社の強さ」の決め手となる非常に重要なファクターです。

3人であれば、全員が当事者意識を持ちながらも、ほどよい客観性を持って意見を出し合えます。2人だけだと意見が敵対する図式になりがちですが、3人だと残りの1人が仲裁役になれます。また、他の2人で話が盛り上がっている間に適度に休憩ができて冷静になれるという利点もあります。だから議論を長く続けられ、建設的な意見の交換ができる確率も高まるのです。業種や扱う商材にもよりますが、3人は多過ぎず少な過ぎず、ちょうどよい人数なのです。昔から「3人寄れば文殊の知恵」と言いますが、私は1人でもなく、2人でもなく、〝3人〟という人数に価値があると解釈しています。

もう1人増えて、4人でも悪くありません。レオスの創業メンバーは私を含め4人でしたが、お互いに補い合える性格や資質を持ったメンバーを集めたこともあって、うまくコミュニケーションがとれていたと思います。

1人で創業する場合

ただ、創業当初の売上が立ちにくい時は別です。その場合は、思い切って1人でやるのも手です。なぜならコストが小さくて身軽ですし、1人で決断して1人で行動すればスピードも早いからです。

会社としてやらなければいけないことをまず全部1人でやってみると、のちのち役に立つこともあります。実際、ある程度ビジネスの目鼻がつくまで1人でやって成功している人もたくさんいます。人をマネジメントするスキルが伴わないうちは、それもよい選択です。

いまは多くの人に相談しやすい時代ですので、外部の力を存分に借りましょう。甘え上手というのも、ベンチャー経営者の重要な資質なのです。

03 共同創業では明確な「勝ち負け」をつける

創業のための気の合う仲間が見つかれば、心強いスタートを切ることができます。この時に注意したいのが、平等主義のワナです。特に友達同士で共同創業する場合、お互いの関係性を友達関係の延長ととらえ、立場や地位を平等にしたいという気持ちが働きがちです。結果、持ち株も同等に折半するというのは本当によくある話です。しかし、強い会社を作るという観点ではお勧めしません。

持ち株比率は議決権の比重を表わすものであり、意思決定の責任を誰がどのくらい持つかを決めるものです。スピーディーで強力な意思決定というベンチャーの強みを発揮するためには、船頭は1人である方がいいのです。「社長」「副社長」といった役職で立場の違いを明確にし、株はできるだけ起業家自身が多く保有した方が成功の確率が高まります。

共同創業の場合は誰が意思決定をするかを明確にし、株の保有比率にも差をつけておくことで無用な揉めごとを減らせます。走り出してからでは修正しにくいので、はじめによく話し合って決めておきましょう。最初からハッキリと差をつけておくことで、周囲にも誰の会社かがわかりやすくなります。

誰の会社なのかはっきりさせる意味

誰の会社かをわかりやすくすることは、投資家の立場からすると非常に重要です。

特に創業初期のベンチャーに対する投資は、企業への投資というより起業家自身への投資という色合いが強いものです。例えば、あなたが起業する際に「君の夢を応援したいから少しだけど」と１００万円出資してくれた方がいたとします。それなのに共同創業者の意見を優先することが多くなったり、増資によって持ち株比率が薄まってあなたの発言権が弱くなると、出資者はどう感じるでしょう。「私は君自身の夢に投資したつもりだったのに…」と失望するのではないでしょうか。

自分の会社の株をできるだけ多く保有することは、会社の意思決定だけでなく、応援してくれる方に対して責任を持つことなのです。少なくとも33・５％以上、できれば50％以上、なるべく１００％に近い保有率で株を持ちましょう。多ければ多いほど、将来増資のタイミングが来た時にも高い比率を維持できます。私自身もレオスを設立した時は、代表である私が60％、副代表が30％、残る２人のメンバーが５％ずつというバランスで株の持ち分を決めました。

特に親しい友人を仲間に引き入れた場合、「自分が上に立つのは気が引ける」と遠慮してしまう人がよくいますが、その必要はまったくありません。会社の中での立場に上下をつけることは、人間の勝ち負けをつけることではないのです。あくまで意思決定の勝ち負けをつけるものであり、社長だから副社長より人間的にエライということではありません。

持ち株比率の差を納得しない人への対処法

立場の上下がわかりやすい役職をつけることや、持ち株比率に差をつけることについては、創業時によくメンバーと話し合ってお互いに納得することが大切です。反対意見が出たら、きちんと理由を述べて理解してもらいましょう。「社長だけ株を多く持つなんて許せない」などと言ってどうしても納得してもらえない人がいたら、涙を飲んで別れを告げた方がいいでしょう。それくらい重要な問題です。

絶対に避けたいのは、メンバー全員を十分に説得できないままに、意思決定の責任の所在が曖昧な状態で事業を始めてしまうことです。この段階で内部の交渉・説得・調整ができないようだと、ビジネスの将来性も明るくないでしょう。起業家の日常は、様々な立場の人々に対する交渉・説得・調整の連続に他ならないからです。

なお、交渉の技術についてはお薦めしたい良書があります。京都大学で教鞭をとる瀧本哲史《たきもとてつふみ》さんの『武器としての交渉思考』（星海社）です。起業家のみならず、ビジネスに関わるすべての人にとって役立つコミュニケーションの思考法が学べます。

04 備品はできるだけ買わない

自分の会社を持つとなると、張り切ってピカピカの備品を揃えたくなる人もいるかもしれません。しかし、あえて言い切りましょう。備品はできるだけ買ってはいけません。当然、机や椅子がなければ事務作業はできませんし、電話やパソコンだって必要になります。

では、どこから調達するのか。簡単です。タダでくれる人を探せばいいのです。起業が決まったら「ほしい備品リスト」を作成して持ち歩き、会う人々に見せながら「御社やご家庭で不要な物はございませんか?」と尋ねるのを習慣としてみてください。きっと思った以上に集まるはずです。

備品をタダでもらうことの3つのメリット

備品をタダでもらうメリットは、何と言ってもコストがかからないことです。例えボールペン1本でも、チリも積もれば結構な出費になり、スタートアップ期の財務を圧迫しかねません。無料でまかなえる物はどんどん活用すべきです。

将来に渡って、社員のコスト意識を高める効果もあります。創業当初にたくさん買い物をした企業は、その後もずっと「気軽にお買い物してもいい文化」が生まれてしまいます。特に大企業出身者は、コスト意識が低い傾向があるので要注意です。いい意味でのケチケチ文化は、健全なコスト感覚を育てるのです。

無駄のない健全なお金の使い方をしているかどうかは、先輩起業家や外部の投資家もよーく見ています。創業期に小口でもいくらかの投資をしてくれた人がいたとしたら、あなたのお金の使い道はきっと気になっているはずです。ピカピカの新品の備品が増える一方で、肝心の事業に関わる投資がほとんど見られない様子であれば、「私のお金は備品に消えたのか…」とガッカリさせてしまうことでしょう。

2つ目のメリットは、社員がサポーターの存在を認識するきっかけを作れること。ほしい備品リストを手にあちこちから備品を集めると、色やデザインがバラバラで統一感のないオフィスになるかもしれません。しかし、不統一な備品たちは、それだけ多くの方々が応援の気持ちを少しずつ分けてくださったという勲章です。

「この椅子はAさんが分けてくださったんだっけ」「Bさんからいただいた傘立てのおかげで、エントランスに少し高級感が出たな」などと時折思い出しながら日々仕事をしていると、自分たちの会社が多くの方々からのいただき物で成り立っていることを自覚しやすく、たくさんの応援者に囲まれているような気持ちになります。身近な備品からサポーターの存在を感じられる空間で働くことは、社員1人ひとりのモチベーションアップにもつながるはずです。

これに関連して、3つ目のメリットは応援者を増やすことです。あなたが起業すると聞いて「応援してあげたい」と思った人が複数いたとしても、お金を出資するほどの行動に出られる人はなかなか現われないものです。ですが、不用品がほしいというリクエストに対しては、気軽に応えたくなるのではないでしょうか。中には「急須くらいなら、ちょっといい物を買ってプレゼントしてあげよう」と、奮発してくれる人もいるかもしれません。

人は自分が何かしら関わった相手に対しては、好意的な関心を持ってくれるものです。創業期に「備品を贈り、贈られた」という関係性ができると、その後も何かと付き合いが続き、縁が深まっていくものだと経験上でも実感しています。

先述のエピソードにもあるように、私もほとんどの備品をいただき物でまかないました。机、椅子はもちろん、電話機もコールセンター部門をリストラしたばかりという会社の経営者から新品同様の物をいただき、とても愛着を持って使っていました。ちなみに、あのホリエモンも楽天の三木谷社長も創業期はボロボロのビルに質素なデスクでのスタートでした。サイバーエージェントの藤田社長も青山の小さなオフィスから始め、豪華な調度品があったわけではなかったのです。

創業コストを下げ、社員の意識を高め、応援者を増やす。備品をタダでもらうことはいいこと尽くめなのです。

05 起業に向いている性格とは

先日、経営コンサルタントの瀧本哲史さんとお話する機会がありました。瀧本さんは京都大学で「ベンチャー起業」をテーマに講義を行い、実際に起業で直面する大小の問題を紹介しながら、起業家に求められる資質について教えています。

講義が始まる前はほぼ全員の受講生が「起業家を目指したい」と表明していたのに、

すべての講義が終了したあとでは3分の1にまで減ってしまうそうです。つまり、起業は自分に向いていないと自覚する学生が3分の2もいるということです。私はこの話を聞いた時、瀧本さんは正しい講義をされていると感じました。起業には明らかに「向いている性格」「向いていない性格」を分ける適性があり、自分に向かないことを正しく認識することもまた大切だからです。残った3分の1の学生たちの中から本気で起業する人が数人でも出てきたら、素晴らしいことです。

変化の波は楽しむものか、抵抗するものか

「起業家に向く性格とは？」と問われてまず浮かぶのは、「変化に強いこと」です。信頼も実績もお金もないベンチャー企業は、周囲の評価によって環境が激変することが日常であり、常に変化の大波小波にさらされています。そういった変化に対してあまり抵抗なく耐えられるタイプの方が、起業に向いていると言えるでしょう。もっと言えば、変化を楽しむくらいの度量があるとベターです。例えば、ＤｅＮＡファウンダーの南場智子さんは創業時に赤字が続いて厳しい経営状況だったにもかかわらず、真剣でありながらその状況を楽しんでいる風でした。

変化に耐えられない人が起業するとどうなるでしょうか。間違いなく精神的に参ってしまいます。「仕事でウツになる」というと大企業のサラリーマンがイメージとして結びつきがちですが、ベンチャー経営者だってウツになる人もいます。要は、変化が激しい環境に適応できるかどうかという適性の問題です。

その点、経営者を親に持つ起業家は物心ついた時から変化の波の中で生き抜く姿を見て育っているので、比較的ベンチャー文化に馴染みやすいと言えるでしょう。しかし、だからと言ってサラリーマンはベンチャーに向かないというわけでは決してありません。カカクコムやクックパッドの経営に携わってきた穐田誉輝《あきたよしてる》さんは、「起業は技術だ」と言っています。つまり、正しい知識と技術を身につければ誰にでもできるということです。

起業する人を職種タイプで分けると、優秀な実績をあげた営業タイプか、特定の技術開発を専門としてきた職人タイプが多いようです。営業タイプは売上をあげることが得意なので、創業当初は順調に会社が回ります。しかし、より高度な商品開発などを求められた時に、営業スキルだけでは対応しきれない場合があります。一方で、職人タイプは優れた商品開発力はあっても、どうしても営業スキルが不足しがちです。

両者の特性をバランスよく兼ね備えた人が起業すると大成功する可能性がありますが、現実にはなかなかいないかもしれません。自分の足りないところを補ってくれる仲間を見つけることが賢明です。

ピンチに甘えられない人は成功しない

もう1つ、起業して成功するために不可欠な資質があります。それは、「甘え上手」という資質です。知りたい情報がある時に、臆せず「教えてください」と周囲を頼れる力。困った時に正直に状況を説明し、「助けてください」と請える力。

起業すると実に様々なトラブルが起きます。すべて自分1人で解決することは無理だと考えておきましょう。当然、まずは自分たちで解決しようと努力することが大前提ですが、困った時にうまく周りに甘えられる人は苦しい状況を脱することができるのです。結果、長く会社を存続させることができ、大きく成長するチャンスにも恵まれるというわけです。

甘えることは性別や年齢、容姿などは関係なく、誰でもいつでもできることです。「自分は他人に甘えるようなキャラじゃない」と言っているようならば、そこまで本気ではないという証拠です。先述のエピソードに登場する私の元共同創業者で、現在は翻訳サービスで急成長中の会社バオバブの社長である相良美織《さがらみおり》さんは、「貧乏は傲慢である」という名言を生みました。その意味するところは、「成功しない人は、頭を下げるべき時に下げない」というもの。

頭を下げるのはタダで税金もかかりません。会社のためであればいつでも頭を下げられる。ここぞという時に、弱音を吐いて応援してくれそうな人をつかまえられる。そんな根性のある人が起業には向いています。

第1章
Episode 1
まとめ

01「何をやるか」と同じくらい大事な「誰とやるか」

価値観が一致する人たちと心を合わせる

02 創業時の最適な人数

コストを下げて意思決定を早くするため人数は少数精鋭で

03 共同創業では明確な「勝ち負け」をつける

株式保有比率は社長の持ち株を明確に高く設定すべき

04 備品はできるだけ買わない

コスト意識を社内全体に染み込ませて、社外にもアピール

05 起業に向いている性格とは

変化を楽しめて、ピンチに甘えられること

Episode 2
最初の顧客を見つける

頭は低く、志は高く

「チャンスは、『チャンス』という名札を提げて転がっているわけではないんだな…」

信号が変わると同時に歩を進めながら、ふとそんなことを思った。いまこの瞬間に交差点ですれ違っている人々の1人ひとりが、私たちのビジネスにつながりを持っているかもしれない。そんな気持ちをいつにも増して感じるのは、つい先ほど大きな第一歩を踏み出せたからだ。

ファンドマネジャーとして5000人以上の経営者に会い、投資に値する経営をしているかどうかの判断をしてきた私は、その経験を活かせる経営コンサルティング業を主軸に起業しようと決意した。実際、最初のお客様とは経営面の助言をするという内容で契約を交わし、5社ほどとお付き合いが始まった。

すべてサラリーマン時代に培った人脈で得た顧客だ。中には、10万円ほどの小口契約で応援してくださる方もいて、そのお気持ちは身に染みるほどありがたかった。

　すると次第に、「藤野さんに投資面での助言をしてほしい」という声がちらほらと聞かれるようになった。やはり餅は餅屋として、多くの方が私の得意分野は投資であると認識していたのだと思う。

　ベンチャーは始めてみないとわからないことだらけだ。試行錯誤しながら、柔軟に戦略を変えられるフットワークが必要となってくる。それこそがベンチャーならではの武器とも言える。ビジョンと大きく違うことは避けるべきだが、その範囲内であれば臨機応変に方向性を変えてもいいと思う。お客様から求められるのならばやってみよう、と投資顧問業の登録をしたのがつい数カ月前のことだった。

　しかし、いざ運用助言を始めてみると厳しい現実に直面した。大口のお客様との契約がうまく成立しないのである。独立前には、連絡すればすぐに会ってくれていた人もなかなか会ってくれなくなった。

会社を辞めて起業すると相談に行った際、「わかった、頑張れよ。でも、ゴールドマンサックスの藤野さんだから付き合っているような人もいるから気をつけなよ」と助言されたこともあった。起業した2003年はITバブルが弾けて市場環境が冷え切っていたこともあって、投資顧問での船出が厳しくなることはある程度予想していたので、私は「中にはそんな人もいるだろう」と冷静に見ていた（その助言をした当人が、後に鮮やかなほど手の平を返した時にはさすがに閉口したが）。むしろ「思ったよりも、人は人を身捨てないものだな」と楽観した方かもしれない。変わらず付き合いを続けてくれる人は、周りに十分いたからだ。

とはいえ、実績ゼロのベンチャー企業と契約の話を進めてくれるところは、すぐには現われなかった。とにかくどんなコネでもいいから、顧客候補となりそうな人に会えるチャンスを探った。「お客様になっていただけそうな方がいたら、ぜひ紹介してほしい」とあらゆる人にお願いした。こういう時に、変なプライドは邪魔にしかならない。「頭は低く、志は高く」というのが私の信条だ。

でも、実際に顧客を見つけることはなかなかできなかった。気持ちは焦るし、手持ちの現金もみるみる減っていく。やはり独立系金融機関の運営は難しいのか、と不安も強くなっていった。

そんな状況の中、チャンスは本当に意外なところから、ひょっこりやって来た。顧客候補として狙っていたある年金基金の常務理事が、起業パートナーである湯浅の友人の妹と〝06ケーキ友達〟だというのだ。甘党の常務理事は同じく甘党の女子たちと定期的に集まって、銀座界隈のスイーツ巡りを堪能していると言うではないか。その情報を提供してくれた湯浅の友人に、「ぜひ、妹さん経由で常務理事につないでいただきたい！」と頭を下げた。

ほどなくセッティングされた初対面の日から何度か時間をいただき、我が社の理念を丁寧にお話しさせていただいた。そして、ついに今日契約へと至ったのである。

資金力より大切なもの

起業してまだ1年も経たないが、つくづく人に助けられていると実感してい

06
「コネ」は惜しみなく使おう

る。業界の大先輩である、[07]さわかみ投信社長の澤上篤人《さわかみあつと》さんのところに独立報告の挨拶にうかがった時も、起業の心得について時間を惜しまずレクチャーしてくださった。時計を見て予定時間を過ぎているのに気づいて恐縮し、お礼を述べて退室しようとしたら、「もう帰るの？　まだ話の半分も終わってないよ」と強く引き止めてくれたほどだ。手数料の設定から社封筒のしつらえに至るまで細かいアドバイスは続き、結局3時間もの時間を私に費やしてくださったのである。

起業にまず必要なものは資金を集める力だが、それと並んで、いやそれ以上に大切なのが〝人とつながる力〟だ。人とは、仲間であり、顧客である。人とのつながりを築けなければ、起業家なんて務まらない。

「想い」がチャンスを引き寄せる

オフィスに向かっていた足を止め、名刺入れから自分の名刺を1枚取り出す。紙質は、いままで持った名刺の中でダントツにペラペラで、安っぽい。かつての「ゴールドマン・サックス・ヴァイスプレジデント」という肩書きの代わり

レオス・キャピタルワークスの社名ロゴ

にあるのは、「レオス・キャピタルワークス代表取締役社長」という文字。

その上には、赤い点と点をつなげたような[08]社名ロゴがある。新進気鋭のデザイナー、ｎｅｎｄｏの佐藤オオキ君（いまでは世界トップクラスのデザイナーとして活躍している）が点字をモチーフにデザインしてくれたものだ。点字で「レオス」を表わしている。そもそも点字は「見えない」人を「見える」ようにする人類の知恵だ。このロゴには、「見えない価値を見る力」という想いが込められている。

[09]自分の体に染み込ませたプラン、それが形になった社名、さらにそれを形にしたロゴや名刺。それらが、まだ何もないけれども確実にそこにある起業家の資産なのだ。起業家自身が起業に対する「想い」を体現したものと言える。

08 社名やロゴデザインにこだわろう

09 ビジネスプランを体に染み込ませる

そして、何よりともに事業へ挑戦してくれる仲間《パートナー》、先のエピソードで紹介した総菜パンや備品なども広い意味では我々を応援してくれる力と言える。ただのパンやモノではない。そこには想いが凝縮されている。

最初の一歩を歩む時の想いはとても大切で、その想いこそが起業家の破壊力のある武器だ。それを意識的、無意識的に使いながら、結果的に「運」や「縁」をたぐり寄せていく。チャンスというのは、結局自分で引き寄せるものかもしれない。我が社のロゴに込めた見えない価値が、起業家の想いなのである。

06 「コネ」は惜しみなく使おう

起業するメンバーが決まって会社という形が何となくまとまり、いざビジネスを始めようとする時、まず必要なことは「顧客」をつかむことです。会社は売上が立たなければすぐに破綻してしまいますから、顧客、つまり商品を買ってくれるお客様を見つけることこそが最優先事項なのです。

では、顧客はどこに行けば見つかるのでしょうか。その答えは、あなたの中にしかありません。「人脈がものを言う」とはどの分野でも言えることですが、起業家にとっての人脈の価値はサラリーマン時代と比較にならないほど大きいものです。起業したら過去の人脈を総洗いして、ありとあらゆるコネを総動員して売り込みに行きましょう。

私自身も、ファンドマネジャーとしてはそれなりの実績を残してきましたが、起業家としては初心者マークの時代がありました。レオスという会社を知ってもらおうと、数え切れないほどの方々に頭を下げ、どんな小さなご縁でも仕事をいただけるように挨拶回りに走りました。起業とは、頭と同時に足を使うものなのです。そして伝えるものは、自分たちの「想い」です。

ライバルにも頭を下げる

サラリーマン時代に活躍した人ほど、同じ業界でライバルも多いと思います。しかし、ここはあえてそのライバルにも挨拶に行ってみましょう。なぜなら、あなた自らが行くことで味方に変わることだってあるからです。人は頭を下げてくる相手には悪意を抱きにくく、むしろ「助けになってあげたい」という気持ちが少なからず湧いてくるものです。もしかしたら、優良なお客様を紹介してもらえる可能性もあります。最低でも多少は邪魔されるのを防ぐ効果はあるでしょう。

さらに踏み込んで、ライバルとチームを作って活動するのも手です。私自身、コモンズ投信の渋澤会長、セゾン投信の中野社長と「草食投資隊」というチーム名で長期投資を普及するための活動を行っています。同じ業界の競争相手同士で力を合わせることで、より大きな成果を得ようと考えたのです。このように同じ志のライバルをも巻き込み、共通のゴールを目指すのも起業家に必要なことだと思います。

　また、日頃お世話になっている税理士や司法書士などのいわゆる士業の方々に紹介をお願いする方法もあります。彼らが取引している顧客の中から、あなたの顧客になってくれそうな方を紹介してもらうのです。彼らにしてみても顧客同士のビジネスが発展することはメリットになるわけで、誰にとってもWin-Winの結果になります。

　私の知り合いの飲食店経営者は、開店して数カ月後に客足が淋しくなって閉店の危機が訪れた時、自分の友人やお客さんにダイレクトメールを出すという作戦に出ました。そのメールには、なりふり構わないお願いの言葉が書かれていました。

「このままでは閉店してしまいますので、ぜひお店に来てください。助けてください」

　すると、お客さんがどっと押し寄せ、店は閉店どころか繁盛店へと変わりました。きっとダイレクトメールを受け取った人の多くが、「私が何とかしてあげなければ」という使命感に駆られたのでしょう。

　とにかく、思いつくコネは何でも使ってください。それくらいの行動ができなければ、起業には向いていません。いや、もっと踏み込んで言えば、頭を下げることは格好いいのです。

細いつながりを粘りに粘る

先述のエピソードで紹介した〝ケーキ友達〟つながりで獲得した大口顧客は、現在でも主要な取引が続いている大事なお客様です。あの出会いがなければ、いまのレオスはなかったと言っても過言ではありません。

はじめのきっかけは細い細い糸のようなコネクションからのスタートでした。ただ机に向かって、「誰かお客さんが来てくれないかな」と待っているだけでは、絶対に引き寄せられないご縁だったと思います。自ら走り回り、周りにも「誰かお客様になってくれそうな方を紹介してください」と発信し続けて、やっとつかんだ糸なのです。

実はこの話には続きがあり、スムーズに契約が決まったわけではありませんでした。やっと取り付けた大切なアポの当日、あろうことか私たちは電車が遅れて10分遅刻してしまったのです。顔面真っ青、あり得ない失態です。当然ながら常務理事はカンカンに怒っていました。やっとつかんだ糸が手から離れていくような思いでした。

それでも何とか話を聞いていただけるよう頭を下げに下げ、次回訪問の約束を取り付けました。その後も何度も何度も訪問して、ついに契約に至りました。常務理事からはいまでも「あの時、遅刻したよな」と言われますが、すぐに諦めずに粘れるところまでとことん粘ることで現在の関係を築くことができたのです。

07 起業経験のある「メンター」を持とう

起業したら、お世話になった社内外の先輩にご挨拶に行くのは最優先事項です。特に、起業後のアドバイスも請いたい相手には、準備段階から相談に行っておきたいものです。私自身も、さわかみ投信の澤上社長には大変お世話になり、感謝してもしきれません。

当時の澤上社長がなぜあれほど熱心にアドバイスしてくださったのかを考えると、同じ投資顧問業界の後進を育てたいというお気持ちが強かったのだと思います。そして、やはり嬉しかったのではないかと推測します。身を持って起業の苦労を経験した人にしかわからない想いが強くあり、その受け手が目の前にいるという現実は単純に喜ばしいことだと思います。

また、前職でお世話になったメガチップス創業者の進藤晶弘さんにも助けていただきました。起業時に資本金の一部を投資していただいたり、会社のスペースを貸していただいただけでなく、経営のアドバイスまでしていただきました。進藤さんは私にとってエンジェルであり、まさにメンターでした。他にもたくさんのメンターの方々に支えられてきました。

あなたさえその気になれば、惜しみないアドバイスやチャンスをくださる方はたくさんいるはずです。ぜひ成長と成功をサポートしてくれる、起業経験のある「メンター」を持ちましょう。起業は、大小様々な波を乗り越える試練の連続です。スタートアップ時からあなたの会社のことをよく知った上で、時期に応じて必要な武器は何か教えてくれるメンターを持つことは、大きな支えになります。

上手なメンターの見つけ方

起業経験のある知り合いがいない人もいるかもしれませんが、知り合うチャンスはいくらでもあります。例えば、起業をテーマにしたセミナーや勉強会、交流会などに参加するのです。セミナーの講師として招かれている起業経験者と名刺交換し、その後に連絡をとってみましょう。また、参加者の中にもあなたの手本になるような人がいるかもしれません。

こういった機会は以前に比べて格段に増えましたし、起業家として成功した人がその経験を活かして新たな起業家を育てようという雰囲気も急速に醸成されて来ていると感じます。誰にでも開かれている機会は、とことん活用すべきです。

もしあなたが特定の人物に憧れていて、その方と直接コンタクトする術がない場合、「目標としているＡさんにお会いしてみたいので、チャンスがあれば教えてほしい」と周囲に積極的にアピールしてみましょう。仕事関係の知人や友人、親戚などを合わせれば、誰でもだいたい１００人くらいの知り合いがいるものです。自分の知り合い１００人にアピールして、その１人ひとりにも１００人の知り合いがいるとしたら、１００人×１００人で１万人にアピールできることになります。

さらにその１万人の１人ひとりにも１００人の知り合いがいると考えると、１００万人のネットワークに広がることになります。１００万人もいれば、必要な情報をくれる人が誰かしら見つかるのではないでしょうか。「自分は知り合いが少ないから…」と諦める前に、できることはたくさんあるのです。

驚異の行動力から生まれるもの

コネをフル活用する名人として、ここで紹介しておきたい人物がいます。ミュージックセキュリティーズという会社を経営する小松真実《まさみ》社長です。ミュージックセキュリティーズは誰でも気軽に参加できる小口投資のプラットフォームを運営し、日本の個人投資文化に新たな潮流を作る事業モデルとして注目されているベンチャー企業の1つです。

小松社長とはじめて出会ったのは彼がまだ20代前半で、私がゴールドマンサックスに在籍していた頃のことです。1本の内線電話をとったのが始まりでした。

「小松と申しますが、聞いていただきたい事業プランがありますので、いまからそちらに行ってよろしいでしょうか」

突然の申し出ではありましたが、たまたま時間が空いていた私は承諾しました。内線ということは当然身内からの連絡ですから、きっと営業担当者からの相談だろうと思ったからです。

しかし、ドアをノックして入ってきたのは、どう見てもゴールドマンサックスの社員とは思えない青臭い若者でした。部屋に入ってくるなり、彼は自己紹介もすっ飛ばして事業プランなるものを止めどない勢いで説明し始めました。驚いた私は彼の話を制止して、「ところで、君はいったい誰？」と思わず聞いたほどです。

聞けば、社員ではなく大学生のアルバイトということでした。音楽が好きで自身も音楽活動をしていた彼が私にプレゼンしたプランというのは、才能や実力があってもデビューするきっかけをつかめない人たちのために資金を集め、チャンスを提供するような事業を始めてみたいというものでした。

はっきり言って、事業計画としてはめちゃくちゃで、突っ込みどころ満載のお粗末なものでした。でも、私は不思議と「応援したい」と思ったのです。それは、彼の熱意に胸を打たれたからに他なりません。

彼は起業の夢を実現するための突破口として、ゴールドマンサックスにアルバイトとして潜り込んで投資の専門家である私に相談するという方法を考え、実際に行動に打って出たのです。ものすごい行動力だと思いました。プラン自体は粗削りだけど、小松真実という人物に大きな期待ができると感じました。一言で言うと、「ほっとけない」と感じたのです。

そこで、私は彼のビジネスを実現するために力になってくれそうな人物を何人か紹介し、その後もアドバイスをするようになりました。そして数年後、実際に会社が立ち上がりました。音楽の原盤権を証券化して小額で販売し、CDの売上に応じて分配するという新たなモデルを生んだのです。この事業をベースとして、現在は地方の実力のあるメーカーをバックアップしたり、東日本大震災の被災地で奮闘する商店を応援したりするファンド『セキュリテ』でも実績を作り、成長しています。

成功している起業家は、いつでも必死に人を求めて動いているのです。そして縁や運というのは、自分をとりまく有形無形の資産から染み出る想いがたぐり寄せるものだと思います。その想いはどこにでも持っていけるモバイルなもので、自分が持ち続ける限り減らない資源でもあります。時間やお金は有限だけれども、想いは無限なのです。

08 社名やロゴデザインにこだわろう

会社を作る醍醐味の1つが、社名やロゴを自分で考えて決められることです。特に社名は、想いを込めたとっておきをつけたいものです。時間をかけたから業績がよくなるわけでもありませんからパパッと決まることもあるでしょうが、少なくともメンバーと一緒に議論する場は設けた方がいいと思います。

なぜなら社名やロゴを決めることは、「自分たちがどんな会社を作っていきたいか」というイメージを刷り合わせることに他ならないからです。社名を決めるという場を借りた、ビジョンを固めるステップと言ってもいいでしょう。

私がレオスを起業した際も、メンバーと何度も話し合いました。まだオフィスを借りる前で、新宿のルノアールの貸会議室にこもって議論しました。実は、当初の社名第一候補は「蓮」という意味の「ロータス」を入れる案でした。「蓮は泥より出でて泥に染まらず」と言われるように、どんな環境でも清らかに強く咲き誇る蓮のような会社でありたいと考えたからです。

ところが、『ロータス・アセットマネジメント』という会社がすでに海外に存在することが判明して断念。ならば日本語をそのまま活かした『ＨＡＡＳ《ハース》アセットマネジメント』という代案が持ち上がりました。これはメンバー全員がかなり乗り気になったのですが、「ＨＡＡＳ」はカリフォルニア大学バークレー校の大学院を意味するというネイティブチェックを受け、またまた断念。

議論が暗礁に乗り上げかけた頃、メンバーの1人である湯浅の頭に目が止まりました。彼が当時かぶっていたバイクのヘルメットにあった文字が「ＲＨＥＯＳ《レオス》」だったのです。妙に気になって意味を調べると、ギリシア語で「流れ」という言葉だとわかりました。英語の「rheology《レオロジー》（流動学）」もレオスが語源です。

この「レオス」こそ、資本市場に新しい〝流れ〟を作りたいという私たちの思いにはまると意見が一致し、社名に採用することにしました。さらに半年後、後ろに「キャピタルワークス」とつけて、いまの社名となりました。「キャピタル」は「資本」、「ワークス」は「工房」という意味です。手作り感を大切にする工房のような会社でありたいという願いを込めました。アメリカの映画製作会社ドリームワークスの社名にも、理想の映画を作る工房という意味が込められていると聞きます。

このように、社名やロゴを1つひとつ吟味しながら決めていく作業は自分たちのこだわりを再確認する時間にもなります。そしてそれが名刺になり、ＨＰで表現され、あなたの想いをどこまでも伝えていくのです。

09 ビジネスプランを体に染み込ませる

社名の検討と並行して行いたいのが、ビジネスプランのブラッシュアップです。社名が決まれば本格的な営業活動をスタートすることになりますが、それは同時に多くの人にビジネスプラン（事業計画）を説明する機会が生まれるということです。それは想いを伝える場であると同時に、具体的に説明する場でもあります。

ビジネスプランを考える上で必要な視点は、次の３つになります。

（１）何をしたいか（何を売りたいか）
（２）どう実現するか（どう売るか）
（３）売上目標と予測されるコストはいくらか

（３）に関しては、「そんなに正確な予定は立てられない」と不安になるかもしれませんが大丈夫です。予定通りにいかないのが当たり前です。たいていの企業において、売上は最低予測額を下回り、コストは最高予測額を上回るものです。しかし、それでも事前に計画を立てて形にすることに意味があるのです。

ビジネスプランの中で大切なのは、やはり（1）と（2）です。もちろん起業を考えた時点から何となく頭にはあるでしょうが、あらためてメンバーと議論する機会を持ちましょう。どんなことを、どんな方法論で実現したいかというビジョンです。

議論の内容は、できれば議事録として記録しておいた方がベターです。言った、言わないという衝突を避けるためでもありますが、価値として大きいのはアイディアの玉手箱になることです。まだ何も始まっていない段階で自由に交わした意見というのは、あとから見返した時に宝となるはずです。

何をどう売るか、自分に刻み込む

ビジネスプランがまとまったら、何度でも口に出して自分自身に覚えさせましょう。何も見なくても暗唱できるくらい徹底的に覚えるのです。これは商談の時にスラスラと自信を持って言えるようにするためでもありますが、何よりもビジネスプランをあなた自身の体に〝染み込ませる〟ためです。

「こんなことを実現したい」「こんな方法で実現したい」と繰り返し繰り返し言い続けていると、本当にできるような気がしてきます。実は、この感覚が経営者にはとても重要です。できないかもしれないという不安をできるだけ取り除くことができれば、迷わずビジネスに邁進するための心の環境が整います。そのための準備運動として、ビジネスプランを体に染み込ませるということを意識してみてください。

体に染み込ませたビジネスプランは破壊力抜群です。また、そのようなプランを持った人は不可能を可能にするような力を持ちます。それが宮仕えのサラリーマンが持っていない起業家の迫力につながるのです。

第1章 Episode 2 まとめ

⑥「コネ」は惜しみなく使おう

過去のすべての人脈を総動員して最初の顧客群を確保する

⑦起業経験のある「メンター」を持とう

メンターに失敗の芽を積んでもらう。知り合いにいなければ、コネをフル活用して探す

⑧社名やロゴデザインにこだわろう

メンバーとの話し合いはビジョンを固めるステップ。低コストで強いメッセージを与えられる武器となる

⑨ビジネスプランを体に染み込ませる

「何をどう売るか」をブラッシュアップし、自分自身に覚えさせる

Episode 3
運転資金を調達する

ベンチャー経営者、試練の千本ノック

ジリジリと夏の太陽が背中を照りつける。９月に入っても続く猛烈な残暑は、ただでさえ疲れている伊久間《いくま》に対しても容赦ない。乾いた喉を水で潤しながら、珍しくため息をついた。

「今日もきっとダメだろうな……」

こんな弱音をつい漏らしてしまうのには理由があった。伊久間が取締役としてウォーターダイレクトに参画したのは半年前のこと。以来、ずっと悩みの種だったのは資金調達の問題だ。

実績も信頼もゼロのベンチャー企業にとって、資金調達は最も重要であり、最も難しい問題と言える。ウォーターダイレクトは設立時の⑩資本には恵まれた方だが、肝心の運転資金が絶対的に不足していた。この春に工場が動き始め

⑩
資金を
準備する

てから、仕入れや工場稼働のコストで資金は加速度的に減っている。伊久間はそれが枯渇しないように、金融機関を回って融資をお願いする役割を引き受けていた。

資金調達に回る者は他にもいたが、「話を聞いてもらえなかった」と早々に引き上げてばかり。そんなことではベンチャーはやってられない。名も知られぬ創業期の中小企業に融資を決めてくれる相手なんて、そうそう巡り会えるものではない。話を聞いてもらえなくて当たり前、⑬冷たく足蹴にされて当然。100本ノック、いや1000本ノックを受けるつもりで臨むしかない。そこまで数をこなしてやっと1つ、2つ色よい回答があるかどうかの世界で、1000本に3つという意味で俗に「⑭せんだみつお」なんて言われているほどだ。このように、ベンチャー経営には頭よりも足を使う根性がものを言う場面が少なくない。

大企業にいた時の常識や⑫プライドを捨て、頭を下げ回って半年。優に100社は訪問しただろう。しかし、そのどれもが大きな実りに至っていない。ネックは⑰収支がまだ赤字であることだった。ウォーターダイレクトは、顧客を

13 冷たく足蹴にされた理由を考えよう

14 もう一度会ってもらえる清潔感を身につけよう

12 社長は真のプライドを持とう

17 ３年以内に黒字化を目指そう

獲得する初期段階はウォーターサーバーの調達コストがかかり、時間が経つにつれて水販売の収入がストックされるというビジネスモデルをとっている。それゆえの正当な赤字なのだが、それがなかなか理解されなかった。

銀行の担当者から「工場の様子を見てから検討したい」と言われれば、喜んで富士吉田にある工場まで案内した。それも1回や2回ではない。しかし、最終結論はNO。どんなに悔しかろうが、立ち止まっていては⑮資金がショートする。会社を潰すわけにはいかないので、また歩き出すしかない。その繰り返しだった。精神的には強い方だと自負している伊久間でも、さすがに疲れを感じ始めていたことは、他の取締役の私たちから見ても明らかだった。

お金を貸す側に立つと見えてくるもの

道は伊久間の努力の積み重ねによって拓かれることになる。この日、彼はY銀行J支店を訪ねていた。⑪取締役の1人である日本テクノロジーベンチャーパートナーズの村口から紹介を受けた支店長と会うことになっていたのだ。あのDeNAを育てた村口の紹介だからといって、全く期待はしていなかった。

⑪「応援団」を作ろう

⑮支払いは1日でも遅く、入金は1日でも早く

たからだ。

「今度こそは」と臨んであっけなく散っていった案件が数え切れないほどあっ

「はじめまして。お話を聞かせてもらうのを楽しみにしていましたよ」

目の前に現われた支店長の顔つきは、これまで会ってきた人物たちのそれとまったく違っていた。

「私たちは可能性のあるビジネスを積極的に応援したいと思っています。メガバンクが踏み出せない一歩先、二歩先の先手を打つことが地方銀行の役目です」

そう語る支店長に伊久間は夢中で事業計画をプレゼンした。いまや事業計画はすっかり彼自身の体に染みついていた。これまで100社以上回って説明を繰り返すうちに、「会社が何を目指し、どのように収益を上げていくか」というイメージは誰に対しても自信と確信を持ってプレゼンできるほど明確なものになっていた。それだけでも100社回った意味はあったかもしれない。

ひと通り話を聞いた支店長は穏やかに、しかし力強く言った。

「わかりました。とても可能性を感じるビジネスです。私の決裁で3000万円まで融資できますから、決めましょう。ただし、必要な材料を準備してください」

「ありがとうございます！」

伊久間は思わず支店長の手をとって握手したい衝動に駆られた。「これで9月末は乗り切れる」とただただ感動し、安堵していた。今日まで一緒に汗を流し、知恵を絞り合った仲間たちの顔が浮かんだ。融資が決まることで会社が存続し、ビジネスを継続する未来図がやっと現実的に描けるような気がした。

支店長が言う必要な材料とは、融資の最終的な承認をする上層部の⑯説得材料だった。その後のやりとりで、伊久間は融資を決めてもらうために用意すべき材料が何であるかを学んでいった。

それは、「担当者が上司を説得するにはどうすればいいか」という視点に立つとわかりやすい。お金を貸す側が気にするのは、どれくらいのリスクがあるかである。例えば顧客解約率が2％の場合、5％の場合、10％の場合でどのように収支が変化するかについて、こちらからシミュレーションシートを提示すれば担当者の手間も省けて喜ばれる。さらに、例え顧客解約率が30％になった

⑯
担当者が
上司を説得しやすい
材料を用意しよう

としてもビジネスとして成立するという結論まで導ける材料を提示すれば、決裁印を押す後押しになる。

融資が決定したあとも、資金の使われ方がわかる報告をすれば、安心感につながる。お金を貸す側の立場に立ってものを考えると、やるべきことが具体的に見えてきた。実際、伊久間は義務づけられずとも、収支報告を銀行に定期的に行うようにした。

資金調達というハードな前線で伊久間が獲得した学びや行動習慣は、会社の体質そのものをタフに変えるものとなり、後に遭遇する様々なピンチを乗り越える礎にもなったことは間違いない。

10 資金を準備する

ひと昔ほど前、株式会社を設立するためには１０００万円の資本金が必要でしたが、現在は資本金１円からでも会社は作れます。実際の登記費用などを含めてもかかるのは20万円ほどで、お手軽に会社が作れる時代になりました。

しかし、だからと言って十分な資金がないままに起業するのは大変危険です。なぜなら、会社はたくさんのお金を食う生き物だからです。仮に１００万円あったとしても、営業のための経費や人件費であっという間に底をつきます。１円でも起業できるというのは事実ですが、鵜呑みにしてはいけません。

では、実際にいくらあったら安心かというと、３００万円では足りません。５００万円でも心もとないくらいです。業種によって初期費用《イニシャルコスト》や運転資金の目安は異なりますが、できれば１０００万円は準備しておきたいところです。１０００万円というと大金ですが、もし起業を考えた時の年齢が30歳で、それまでずっと会社員だったとしたら３００万円くらいの貯金はあってほしいものです。一部上場の大企業に勤めていなくても、平均的な給料をもらっていたら少しは貯金に回せるはずです。30歳で貯金ゼロだったとしたら、留学などよっぽどの出費があったか、お金の管理ができないかのどちらかでしょう。

後者の場合であれば、自分のお金の管理もままならない状態で会社を経営するのはとても危険なので、起業はいったん諦めた方がいいかもしれません。いまは資金が少なくても工夫によって起業できますし、必ずしも資金が多ければうまくいくわけではありませんが、これまでのお金に対する姿勢が問われていることは強調しておきたいところです。

足りない資金の工面法

話を戻して、幾ばくかの貯金があったとして、それでも目標の金額に届かない場合はどうしたらいいか。方法は1つ、かき集めます。つまり、出資のお願いをするのです。

では、誰から調達するかという問題ですが、これは〝訴えられにくい順〟で考えるとわかりやすいでしょう。万が一、調達したお金を返せない事態(言いにくいですが、会社が破綻した時ですね）になっても訴えられるリスクが低い、刺されるリスクが低い関係性の相手に相談しましょう。人生において人間関係のトラブルをいかに少なくするかは重要ですから、よく考えて相手を選びましょう。具体的には、次のような人たちになるでしょう。

〈出資をお願いしたい相手候補～訴えられにくい順～〉

①起業メンバー（特に自分）
②親
③兄弟姉妹
④親戚
⑤元上司
⑥学生時代の恩師
……などなど

もし「身内にお金の相談をするなんて、みっともない」と思うとしたら、あなたは

創業時の資金調達に役立つ公的制度の一例

国からの貸付制度	・日本政策金融公庫「新規開業資金」▶ www.jfc.go.jp 事業開始後５年以内を対象として、最大7200万円まで（うち運転資金4800万円）
	・同「女性、若者／シニア起業家支援資金」 女性または30歳未満か55歳以上で事業開始後５年以内を対象に、最大7200万円まで（うち運転資金4800万円）
自治体からの貸付制度（東京都の場合）	・東京信用保証協会▶ www.cgc-tokyo.or.jp 原則無担保、連帯保証人不要で、最大2500万円まで

※上記の情報は変更される場合もあります。詳細は、各団体のホームページなどで確認をしてください。

まだ本気とは言えないのではないでしょうか。格好つけていたら起業家は務まりません。

また、最近では起業家のスタートアップを応援する国や自治体の助成金制度もあります。上図はその一例ですが、ホームページなどで詳細を確認し、融資条件に該当するようであれば申込みを検討してみるのも手です。使える公的助成はどんどん活用しましょう（ただし、出資ではなく貸付なので将来返済しなければいけません）。

11 「応援団」を作ろう

起業家の資金集めというと、よく耳にするのが「ベンチャーキャピタル」や「エンジェル」だと思います。ベンチャーキャピタルとは成長を見込めるベンチャー企業に出資してリターンを得ることを事業とする企業体であり、エンジェルとは個人でそのような出資をしている投資家を指します。

まず、ベンチャーキャピタルに関しては、残念ながらスタートアップ期にはなかなかお金を出してくれないのが現状です（ゼロではありませんが、可能性は低いでしょう）。企業組織ゆえに、出資を決めるには複数段階での承認が必要となるため、よほどバックボーンが明らかだったり、以前の会社で大成功したなどのトラックレコードがない限り、創業まもない小さなベンチャー企業への出資は決まりにくいのです。ベンチャーキャピタルと交渉するのは、ある程度事業が回るようになって実績が出るアーリー期以降が一般的です。

その点、個人であるエンジェルは、その人が「面白い！　応援してあげたい」と決断しさえすればいいので、スタートアップ期でも出資してもらえる可能性があります。

では、エンジェルはどこにいるのでしょう？　なかなか簡単には見つかりません。エンジェルという肩書きで名刺を配っている人はいませんし、電話帳やインターネットで探しても連絡先は見つかりません。豊かな資金を持つ人物であることに間違いはありませんが、若きチャレンジャーを応援しようという志のある資産家であったり、上場した経営者であったり、その属性は様々です。出会えるチャンスがあるとすれば、やはり人づてのコネクションでしょう。

信頼のないベンチャーの印象アップ術

ラッキーにもエンジェルなる人物に出会えたとしても、誰にでもお金を出してくれるわけではありません。「出資するに足る」と判断できる信頼がある起業家候補にしかお金を出してくれません。ここで悩ましいのが、この〝信頼〟の2文字です。生まれたばかりの創業期のベンチャーに、実績も信頼もあるはずがないからです。

そこで、私が勧めているのが身の周りに自分の「応援団」を作ることです。「私にお金を出してください」といきなりお願いしても100人中99人は躊躇すると思いますが、「私のことを応援してください」というお願いはぐっとハードルが下がります。

では、具体的にどう応援してもらうかというと、その人のお金ではなく〝名前〟を借りるのです。例えば、あなたが営業ツールとして使う会社案内のパンフレットやホームページに、「私も応援しています！」というメッセージを名前付きで入れさせてもらいます。名前を借りることで、あなたが応援に値する人物であることを保証してもらうのです。その方が社会的信用の高い人であればあるほど、その効果は高くなります。

その相手は、はじめは元上司などお願いしやすい方がいいでしょう。そして、「他にも私のことを応援してくださりそうな方はいませんか？」と紹介をお願いして、応援団をどんどん増やしていきましょう。

名前を貸すことはお金を貸すことよりも数段ハードルが下がるとはいえ、それでも断られることもあるでしょう。しかし、何よりこのように人に頭を下げて交渉する行動プロセスが起業家体質を磨く上で非常に重要なのです。そうやって何人もの方々に応援団になっていただいてから、エンジェルの目に留まる機会があったとします。応援団の中に１人でも知っている名前があれば、エンジェルのあなたに対する印象はき

資金調達のパラドックス

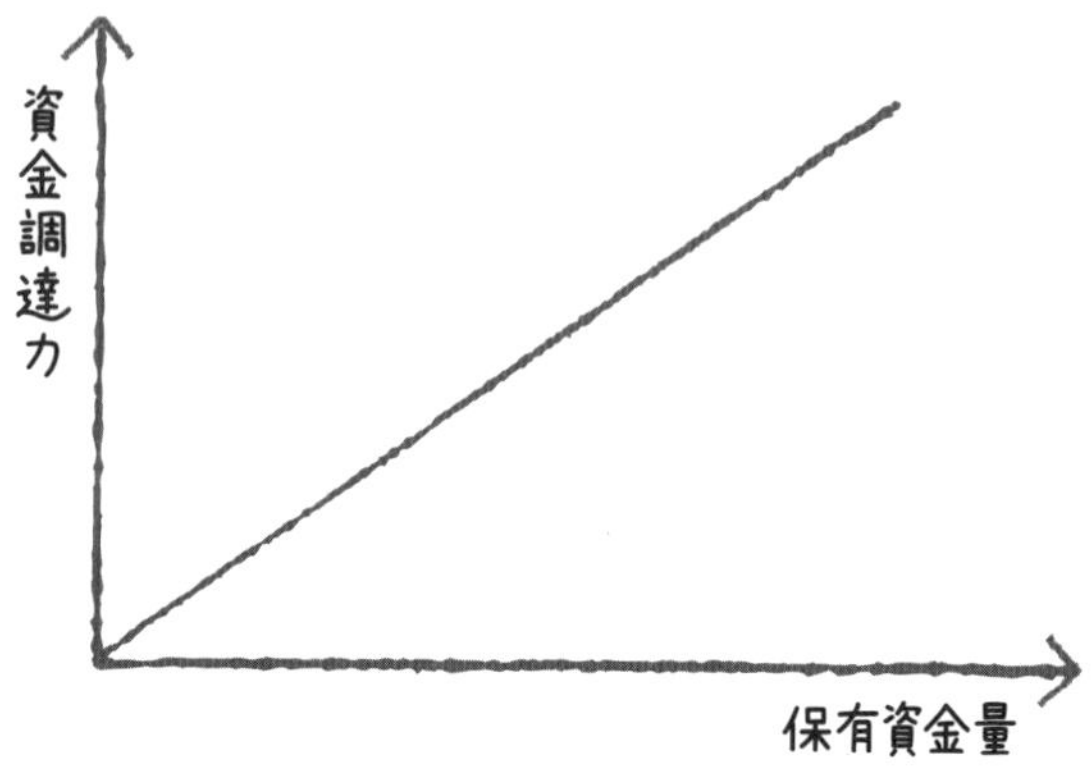

っと変わるはずです。

⑫ 社長は真のプライドを持とう

先述のエピソードにもあるように、ベンチャー起業にとって資金繰りは日々の死活問題です。私は常々考えていますが、社長の仕事は大胆に言うと2つに収斂します。

1つは「資金を枯渇させない」こと、もう1つは「人に気持ちよく働いてもらう」ことです。特に創業まもない時期や黒字化する前の段階では、資金をいかに枯渇させずに事業を回していくかが、最重要問題と言っていいでしょう。逆に言えば、お金がなくならない限り会社は生き続けることができます。
ですが、現実にあるのは悲しいパラドックスです。資金調達力と資金保有量は比例する関係なのです。つまり、資金が豊富にある時ほど資金は調達しやすく、資金が少なく足りていない時ほど調達しにくいということです。

あなたはどこまで頭を下げられますか？

本当に困っている時ほど、資金を集めにくいということですから、頭を抱える経営者が多いわけです。そこで、何が必要になってくるかというと、最終的には「何度でも頭を下げられるか」だと思います。もちろん、資金が底をつかないように営業計画を緻密に練って早め早めに準備をするといったテクニックも重要ですが、社長が潔く頭を下げ、本気でお願いできなければ出資や融資は決まりません。

プライドが高いから、頭を下げられないという人は社長に向きません。その程度のプライドではガラスのように脆いことでしょう。真のプライドを持つ人は、他人に頭を下げるくらいでは揺るがない自信や信念を持っています。

「志は高く、頭は低く」

これこそが、社長のあるべき姿だと私は思っています。

13 冷たく足蹴にされた理由を考えよう

サラリーマンの場合、会社から支給された名刺を差し出せばだいたいの人があなたの話を聞いてくれます。大企業であればなおさらです。それが一変するのが起業したあとです。資金調達の時に冷たく足蹴にされることなど日常茶飯事。挨拶代わりと考えておいてちょうどよいくらいです。そのくらい相手にされないのが当たり前なのだと知っておきましょう（その方が、精神衛生上もいいはずです）。

相手にされない悔しさからチャンスをつかむ

大事なのは、冷たくあしらわれた時にキレないことです。話を聞いてくれない相手を恨んだり、「頭がカタい」「考え方が古い」などと否定して自分を納得させるのは簡単かもしれません。でも、そこから未来は生まれません。

その悔しさから次につながるステップの芽を見つけてこそ、チャンスをつかめるのです。断られた理由は何か？　事業モデルそのものなのか？　説明の仕方なのか？　あるいはもっと根本的な問題か？　客観的に自分自身を分析しましょう。可能であれば、相手に「何が足りないのでしょうか？」と教えを請うのも手です。そうやって１回目より２回目、２回目より３回目と説明の仕方をブラッシュアップしていくことで、資金調達力は向上していきます。

実際、私はベンチャー支援の立場から資金調達のプレゼンを受けるケースが多いわけですが、起業家の何を見ているかというと「変化率」です。はじめて話を聞いた時はダメダメでも、いろいろと助言をして、次に会った時に劇的に改善している人はとても見込みがあると感じます。問題点を発見した時の修正・改善のパフォーマンスが高いということなので、起業家としての総合力が高いと判断できるのです。

ちなみに岩瀬大輔さんの『１３２億円集めたビジネスプラン』（ＰＨＰ研究所）という本に、ライフネット生命を立ち上げるための資金をどのように調達したのかが詳細に書かれています。誰もが１３２億円も集める必要はないでしょうが、具体的な実例と示唆に富んだ内容で必読です。

14 もう一度会ってもらえる清潔感を身につけよう

資金調達に限らず、人に会ってプレゼンする機会が何かと多いのが起業家という人種です。この時、忘れてはならないのが印象のコントロールです。学生時代に、私はいわゆる〝モテ男になるための必勝法〟のような本を手にし、大変参考になった記憶があります。デートに役立ったのはもちろんですが、ビジネスシーンにも通じるものでした。

その本には、こんなことが書いてありました。

「高い服を着るより、爪をきれいに切り揃え、歯を磨き、靴を磨こう」

つまり、清潔感のある印象作りが重要だと強調してあったのです。異性の好意を惹くための言葉やプレゼントを並べ立てても、「生理的に受け付けない」という印象を与えてしまったら、その時点でシャットアウトされてしまいます。起業家のプレゼン行脚も、人との出会いの連続ですから同じことが言えます。

事業モデルの中身が第一であることは前提として、あなた自身の服装、身だしなみ、話し方などが相手にどんな印象を与えるかについて最低限の気配りはするようにしたいものです。

プレゼンはたった1回で通ることはまれで、2回、3回と機会をいただいてようやく契約に結びつくことがほとんどです。その意味でも、もう一度会ってもらえる基準をクリアできるかはとても重要なのです。

15 支払いは1日でも遅く、入金は1日でも早く

社長の仕事は、会社の現金をゼロにしないことだというのは先ほどもお伝えしました。そのために常に念頭に置いておきたいのが、「支払いは1日でも遅く、入金は1日でも早くお願いする」という原則です。

例えば、500万円の資金プールがあり、600万円の支払いが控えているのであれば、何とかその前に100万円の入金予定を確保しなければなりません。このような綱渡り状態で資金繰りすることは創業期には珍しくありませんから、入出金の順番には細心の注意を払う必要があります。売買契約を取り交わす時や資材を購入する時

は、必ず確認するクセをつけましょう。

資金繰りは図々しさを発揮する

相手が伝えてきた支払いや入金の予定日がこちらとして非常に厳しい場合には、率直にお願いする勇気、ある意味の図々しさを発揮することも時には必要です。

「そこを何とか！」「お願いしますよ〜」「もう一声！」

そんなおねだりワードを臆することなく言える人は非常に有利です。この点で関西人は関東人よりも一歩リードしていると思っています。会社を存続させるためには見栄は余計なものです。お願いすべきことはどんどん交渉するようにしましょう。

16 担当者が上司を説得しやすい材料を用意しよう

金融機関に融資を申し入れる際に意識したいのは、担当者が社内承認をスムーズに通すための材料を準備することです。相手も複数の案件を同時に抱えているわけですから、面倒くさいと思われては進むものも進みません。

ウォーターダイレクトの伊久間社長が実践したように、資金調達のプロセスにおいて融資を決定する金融機関の担当者がシンプルなロジックで上司に説明しやすく、リスクも可能性も客観的な指標で評価できる材料を用意しましょう。シミュレーションも複数のパターンを準備すると、より信頼性は高まると思います。

具体的な数字をベースに、現在の収益構造、将来的な可能性、そして、拡張性（これから伸びる規模感）についても語れるように意識しましょう。

金融機関の担当者からよく聞かれる質問例として「他社との差別化要因は?」というものがありますが、この質問は実績もないベンチャー企業にとっては恐怖以外の何ものでもありません。厳しい突っ込みに心が折れそうになることもあるかもしれませんが、自分たちができる説明を丁寧にしていきましょう。とにかく準備が大切です。想定される質問に対する答えはすべて用意しておきましょう。

17　3年以内に黒字化を目指そう

資金調達の計画を進めるのと同時に常に考えておきたいのが、黒字化の目標です。

創業してしばらくは赤字でも許されますが、いつまでも続けていられません。

まずは月次の黒字（いわゆる単黒）を着実に増やしていくよう努め、できれば3年以内に黒字化を達成したいところです。3年というのは不思議な数字で、実際に創業3年以内に黒字化した企業はその後も順調に成長する一方で、3年以内に黒字化しなかった企業はいつまでも赤字のままで破綻してしまうケースが本当に多いのです。

その理由はいろいろとあると思いますが、1つには赤字の期間が3年を超えると周りが耐えられなくなってくるということがあるでしょう。資金を出した出資者や社員の不安が増大するのです。「このビジネスは本当に大丈夫なのか」という不安が社内外で生まれると、それはあっという間に増幅し、会社のエネルギーを奪ってしまいます。そうなってしまっては遅いので、何とか3年以内に黒字を達成するように頑張ってください。ここで紹介しているウォーターダイレクトも、イバラの道を歩きながら3年以内に黒字化を達成し、上場へと至っているのです。

第1章 Episode 3 まとめ

⑪「応援団」を作ろう

社会的信用の高い人たちの名前を借り、信用を得る

⑬冷たく足蹴にされた理由を考えよう

何が足りなかったか自己分析し、次につながるステップの芽を見つける

⑩資金を準備する

起業するまでできるだけ貯める。足りない分は訴えられにくい相手に出資を頼む

⑫社長は真のプライドを持とう

バカにされてもニコやかに。辛抱した分だけ鍛えられる

⑮支払いは1日でも遅く、入金は1日でも早く

キャッシュフローに敏感に。特に初期は日繰りのレベルで管理する

⑭もう一度会ってもらえる清潔感を身につけよう

起業家のプレゼン行脚は人との出会いの連続。印象のコントロールは成功の最低条件

⑯担当者が上司を説得しやすい材料を用意しよう

具体的な数字をベースに、収益構造、可能性、拡張性を語れるようにする

⑰3年以内に黒字化を目指そう

3年以上待てない顧客や株主が多い。社員の不安も増大する

資金調達についての基礎知識

ベンチャービジネスは事業の成長を内部資金でまかなえるケースが少なく、ほぼ必ず資金調達が必要になります。工場などで生産活動を行うための設備資金、オフィスの移転費用、広告宣伝費、仕入れ代金、日々の運転資金など様々な場面でお金がかかります。これらのお金を外部から調達することを「資金調達」と言います。ここでは、その基礎について簡単に述べていきましょう。

「借入」はどこまでするべきか

まず、資金調達は大きく「負債《デット》」と「資本《エクイティ》」の2つに分かれます。

負債とは「借入」を行うことです。借入は銀行やノンバンク、または経営陣及びその関係者などから行われ、必ず一定の利子をつけて元本とともに返済する義務が生じます。そして、多くの場合には担保や保証が必要です。土地などの十分な担保を持っていたら借入は比較的容易ですが、設立したてのベンチャーがそのような不動産を保有しているケースはまれです。

ですから、当初は借入はなかなか難しいのですが、実際には多くの銀行が社長の個人保証を求めることでリスクを回避しています。この慣習は日本独特のもので、ベンチャービジネスに失敗すると社長の財産がすべてなくなる要因になっており（「借入の残債＞社長の資産」の場合）、起業は危険であるという世間の思い込みの背景になっています。

少額ならば個人保証もあり得ますが、大規模な借入ではあまりお勧めできません。それよりも、まずは信用保証協会、政府系金融機関、行政機関などのベンチャー支援制度の活用を考えると同時に、資本調達を検討すべきでしょう。

「資本調達」のカギとなる「資本政策」

資本による調達を「資本調達」と言います。「株式」を発行して新たに資金を調達することです。そのためには、「資本政策」を考えておくことがとても重要となります。創業経営者が一番失敗しやすく、後悔してもしきれないのがこれです。資本政策とはオーナー経営者の立場で話をすると、当初の株主比率が時間の経過とともに、どのように変化していくのかを事前にシミュレーションすることです。

株式を発行すると資金が入ってくるし、銀行借入のように返却をする必要がありません。しかし、何も考えずに株式を乱発すると、創業者の株主比率が極端に低くなって会社の所有や企業統治の在り方に影響が出てきます。気がついたら外部株主の発言権が強くなっていて、創業者が会社を追い出されたり乗っ取られたりすることもあり得ます。

そうなると、あとで挽回するのは難しくなります。なぜなら、企業が順調に成長すると株価が値上がりするので、資金をたくさん投入しても十分な株数を買い付けることができなくなるからです。創業経営者には株式コストを低く見積もりがちな人が多いようで、「借入よりも有利で、返済をしなくてもよいお得な資金調達法」くらいに考えているのかもしれません。

また、資本提供者である株主は寄付をしているわけではありません。一定のリターン、つまり一般的には将来の値上がり益を見込んでいます。それは企業価値の上昇を通じて生じるものです。この値上がり益と企業から将来もらえる配当の合計が、株主が期待する利回りなのです。

このことは株式を発行する側からすると、コストになります。これを「株主資本コスト」と言います。未上場企業への投資は回収できなかったり、倒産のリスクが高いので、資金の出し手は当然そのリスク分に見合うだけのプレミアムを要求します。よって、株主資本コストは負債コストよりも高くなることが多くなります。

つまり株式の発行は意外と高くつくものなので、安易に実行すべきことではないのです。

最少の株数で最大の資金を得るコツ

資本政策を考える上で重要なのは、今後どの程度の資金を必要とするのかということと、その時点での会社の価値です。新しい株式を発行すると、その分だけ1株あたりの価値が薄まります。これを「ダイリューション《希薄化》」と言います。株式オーナーの視点に立てば、株式を大量に発行するほど持ち株比率は低くなるのです。よって、株式の発行を少なくすれば希薄化も小さくて済みます。それでも十分な資金を得るには、「会社の価値が高まる＝株価が上昇する」ことが必要です。

では企業の価値はどのように測るのでしょうか。それは「時価総額」で表現します。

発行済株数と株価を掛け合わせたもので、これが会社の価値の大きさを表わしているのです。

時価総額は、将来の利益をもとに計算されます。将来の利益と言っても実際に確定しているわけではないので、あくまでも予測数字に過ぎません。もちろん、いい加減な数字をはじくわけにはいきませんから、根拠を示して将来の利益計画の予測をしなければいけません。

外部投資家が出資する場合、その利益計画の予測に納得しなければ企業価値（時価総額）の数字を受け入れてくれません。既存の株主からすれば会社の価値をできるだけ高く評価してもらえれば、株価の希薄化も小さくて有利になります。しかし、外部投資家はできるだけ安く投資したいものなので、楽観的過ぎる見通しに基づいた高い株価で投資したいとは思いません。よって、この利益予測を投資家に納得してもらえるかどうかが資本政策の肝になります。

利益計画を納得してもらうためには、今後の事業計画の作り込みが重要です。それは単に資金調達のためではなく、企業が継続的に成長するためにも必要不可欠なことです。普段から事業計画を適宜見直して練り込んでいれば、そのまま事業の推進にもプラスになるし、資金調達の際にも大きな武器になるのです。

株式を保有するのにふさわしい人

資本政策においては、「どのような株主に株式を保有してもらうか」を考えることも大事です。なぜなら、一度株主になると抜けてもらうことはなかなか難しく、もし万が一反社会的勢力が株主になってしまったら、上場することすら難しくなるからです。

経営の質は経営者が決定し、経営者の質は株主が決定することが多いので、株主の選定そのものが会社経営の在り方に反映されると言っても過言ではありません。有力な株主候補としては、エンジェル投資家やベンチャーキャピタル、仕入先、顧客などになります。事業計画をしっかりと納得してもらえ、事業の成長に力を貸してくれる相手にこそ株式を発行するようにしましょう。

新株の発行は、大事な議決権を切り売りすることでもあります。ですから、単に資金を提供してくれるだけではなく、「顧客や仕入先や事業パートナーを紹介してくれる」「コーポレートガバナンスや経営一般にアドバイスをしてくれる」などの付加価値を提供してくれる人に株主になってもらうべきです。というのも、株主になることは事業パートナーになることと同義だからです。

くれぐれも安直に資金を提供してくれる打ち出の小槌のような存在と考えてはいけません。そのような株主とはトラブルになることが多く、そうなると会社の本業である企業価値の向上に集中できなくなります。実際に、そのような状態になって迷走飛行した会社を私は過去たくさん見てきました。

成功する起業家の条件

資金調達を行うことは企業の成長に欠かせません。過去成功したほとんどの経営者は、資金調達に苦労をしてきたと同時に、資金調達に成功をしてきた人とも言えます。

私は多くの起業家を見てきましたが、成功している起業家に共通する強みは「お金をつかむ時に力を発揮する」ということです。お金をつかむのは、原則2つの機会しかありません。それは、お客様になっていただいてお金を頂戴する時と、資金調達を行う時です。上場に成功した多くの先輩経営者は、すべてこの2つの機会で力を発揮してきた人たちなのです。

　ここまで簡単に資金調達の基本についてご説明してきましたが、より実務的な内容を知りたい方は磯崎哲也さんの『起業のファイナンス』（日本実業出版社）、水永政志さんの『ベンチャーファイナンス実践講義』（ダイヤモンド社）などをお読みくださ い。資金調達とそれに伴う経営について書かれている良書です。これらの本を参考にしながら、周りの先輩経営者にも相談しつつ、資金調達を成功されるようにお祈りいたします。

ベンチャーキャピタルに投資してもらいたい時

　事業を拡大させるために資金を外部から調達したい時、どこにお願いしたらいいのか迷うと思います。ベンチャーキャピタルはその候補の1つですが、リストを探すのはなかなか難しいです。最近は若手の独立ベンチャーキャピタルも増えてきています。村口和孝さんの著書『私はこんな人にならお金を出す』の中にリストがあるので、本書でも紹介させていただきます（93～94ページ参照）。

この中で、どれが皆さんにふさわしい会社かどうかはわかりません。まずは、これらの会社のホームページを見て、それぞれの会社の雰囲気をつかみましょう。その雰囲気から、受け入れてくれそうだと思うところに当たってみてください。

数社当たると、だいたいの感触がわかると思います。1つ言えるのは、そうそう簡単に資金を出してくれるところはないということ。一方で、多くの先輩企業たちはめげずに企業価値や起業家としての自分の売り込みに成功したからこそ、現在の会社の姿があるということ。

自分たちの事業計画書を練りあげて、実際にいくつかの見込み客をつかんだり、魅力的な商品のプロトタイプを作ったりして、それらをアピールすることができたら、資金調達に成功するかもしれません。幸運を祈ります！

主なベンチャーキャピタル一覧

ファンド

インフィニティ・ベンチャー・パートナーズ（http://www.infinityventures.com/）
日本テクノロジーベンチャーパートナーズ（http://www.ntvp.com/）
East Ventures（http://east.vc/）
インキュベイトファンド（http://incubatefund.com/）
Skyland Ventures（http://skyland.vc/）
東京大学エッジキャピタル（www.ut-ec.co.jp/）
B DASH VENTURES（http://bdashventures.com/）
グロービス・キャピタル・パートナーズ（http://www.globiscapital.co.jp/）
サムライインキュベート（http://www.samurai-incubate.asia/）
グローバル・ブレイン（http://www.globalbrains.co.jp/）
グロースパートナーズ（http://gr-p.jp/）
ベンチャーユナイテッド（http://ventureunited.jp/）
MOVIDA　JAPAN（http://www.movidainc.com/）
グローバル・ベンチャー・キャピタル (http://www.gvc.jp/)
PE&HR（http://www.pehr.jp/）
TNP パートナーズ（http://www.tnp-g.jp/）
SIP（http://sip-vc.com/）
インスパイア（http://www.inspirecorp.co.jp/）
イノベーション・エンジン（http://www.innovation-engine.co.jp/）
フェムトグロースキャピタル（http://femto.vc/fgc.html）
ANRI（http://anri.vc/）
リード・キャピタル・マネージメント（www.leadcapital.jp/）
サンエイト（http://www.sun-8.jp/）
など

事業会社型

ネットエイジ（http://www.netage.co.jp/）
ImroVista（http://improvista.jp/）
アーキタイプ（http://archetype.co.jp/）
insprout（http://www.insprout.com/）
サンブリッジ グローバルベンチャーズ（http://www.sunbridge-gv.jp/j）
partyfactory(http://partyfactory.jp/)
Open Network Lab(http://onlab.jp/)
伊藤忠テクノロジーベンチャーズ（http://www.techv.co.jp/）
サイバーエージェント・ベンチャーズ（http://www.cyberagentventures.com/）
GMO ベンチャーパートナーズ（http://www.gmo-vp.com/）
KDDI ∞ Labo（http://www.kddi.com/mugenlabo/）
NTT ドコモ・ベンチャーズ（http://www.nttdocomo-v.com/）
Klab Ventures（http://www.klabventures.jp/）
など

外資系

MICO（http://www.atomico.com/）
DCM（http://www.dcm.com/jp/index.php）
Fidelity Growth Partners Japan（http://www.fidelitygrowthpartners.com）
など

金融系

ジャフコ（https://www.jafco.co.jp/）
SMBC ベンチャーキャピタル（http://www.smbc-vc.co.jp/）
アント・キャピタル・パートナーズ（http://www.antcapital.jp/）
日本ベンチャーキャピタル（http://www.nvcc.co.jp/）
ニッセイ・キャピタル（http://www.nissay-cap.co.jp/）
SBI インベストメント（http://www.sbinvestment.co.jp/）
日本アジア投資（http://www.jaic-vc.co.jp/）
フューチャーベンチャーキャピタル（http://www.fvc.co.jp/）
オリックス・キャピタル（http://www.orixcapital.co.jp/）
東京中小企業投資育成（http://www.sbic.co.jp/）
三菱 UFJ キャピタル（http://www.mucap.co.jp/）
など

第2章

アーリーステージ

会社の方向性を定めビジネスを拡大させる

Stage

Episode 4

商品の販売戦略を決める

代理店販売か、直接販売か

「おいしくて安全な水をご家庭でいつでも飲めます！　試飲キャンペーンやっていまぁす」

家族連れで賑わう週末のヨドバシカメラ秋葉原店の一角で、スーツ姿のアラフォーオヤジたちの声が高らかに響く。通路を挟んで向かい側には、エスプレッソマシンのデモンストレーションをする若い女性たち。おそらく社員ではなく、キャンペーン用に雇われているのだろうが、我々には人を採用する余裕はない。隣で慣れない販売業務に汗をかくのは、山梨から駆けつけた工場長の武井と営業の加治木《かじき》だ。伊久間は自分自身をも奮い立たせるように「頑張ろうぜ」と目配せし、もう一度子連れの女性客に笑顔を向けて声をかけた。

㉓新規顧客開拓のために大手家電量販店でデモンストレーション販売をする

23 社長は現場感覚を知っておこう

のは、今日がはじめてのことだった。飲料水を宅配販売することだけ決まって始まったウォーターダイレクトは、その⑲販売方式の選択で揺れていた。商売道具は「ウォーターサーバー」と「水」の2つ、売り方の選択肢はざっくりと考えて次の2択だった。

1つは代理店ルート。まずウォーターサーバーを代理店に購入してもらった上で顧客を開拓してもらい、水の販売もそちらを通じて行う。ウォーターサーバーの生産コストをすぐに回収できるので赤字を生みにくい反面、水の販売価格や顧客管理などは代理店に任せることになる。

もう1つは直販ルートで、顧客と直接契約をしてウォーターサーバーと水を届ける方法。ウォーターサーバーを無償で貸し出すことになるので、初期費用は膨大になる。しかし、顧客と直接コミュニケーションできることは大きな魅力だった。

起業する上で、「⑱何を売るか」を考えるのは当たり前だが、「どう売るか」を考えるのも同じくらい大事なことだ。伊久間は短期的に赤字を生んだとしても㉑顧客情報を直接管理できる直販ルートに価値を見出し、「これまで通り代

⑲ 「自社ブランド」と「下請け」の選択

⑱ 「誰に」「何を」「どう売るか」

㉑ 顧客情報を活用しよう

理店販売重視で行こう」と主張する他の経営陣を説得しようとしていた。「卸しだけの立場になってしまえば、販売の仕方や価格も小売店に任せることになってしまう。何より[22]お客様のニーズを正確にとらえられなくなる」と、取締役会でも熱く訴えていた。イメージとしては、ＡＤＳＬのモデムを街角で無償配布して成功したソフトバンクの成功例があったようだ。「異業種の成功例はどんどん真似したい」というのが、この頃の伊久間の口癖だった。

資金に余裕がないなら知恵で勝負せよ

直販重視の方針には私も賛成だったが、実際にどう顧客を開拓するかの戦略についてては、まだ具体的ではなかった。デモンストレーション販売をするにしても、主婦層が集まる大手スーパーなどでスペースを借りるとなれば1日10万円は場所代がかかる。さらに販売の人件費に5万円とすれば、１日分のコストは15万円。それをペイできるだけの契約がとれる確証はない。

頭を抱えた伊久間が考え出したのが、場所は無償で提供してもらい、契約した顧客の利用に応じてコミッションをスペース提供元に支払うという方法だっ

[22] ネット上の批判には冷静に

た。場所を貸すだけでストックビジネスになるのだから、乗ってくれるところはあるはずだ――。そう考えた彼はすぐに商社時代の先輩のつてをたどってヨドバシカメラ秋葉原店にかけ合い、晴れてデモンストレーションデビューを果たしたというわけだ。

しかし、うまくいくかどうかは誰にも確信が持てなかった。伊久間の案に対する意見も、「コストがかからないなら、やってみればいい」という消極的なものが大半だった。いま思えば、直販という販売方式にこだわっていく上では重要なターニングポイントになる作戦だった。

はたして結果はどう出たか。答えは吉だった。これまで月１００件ペースだった新規契約が、この日だけで60件もとれたのだ。集計表を見ながら、伊久間は思わずガッツポーズをした。１日中立ちっぱなしでデモ販売をした２人の仲間と、いますぐ祝杯をあげたい気分だったに違いない。

この時を振り返って、伊久間は「資金に余裕があればカネで勝負するかもしれませんが、余裕がないなら[20]知恵で勝負するしかないですよね」と言っている。それこそが、まさにベンチャー起業家に求められる資質だろう。

20
売るための
知恵を絞ろう

18 「誰に」「何を」「どう売るか」

ビジネスモデルの要になるのは、「誰に」「何を」「どう売るか」の3点です。誰に対して、どんな販売ルートを使って売るのか。在庫はどこに置くのか。いわゆる販売戦略です。09でも少し触れましたが、商品の特性やコストなど総合的に考えてベストな選択をしましょう。

販売戦略のための4つの心得

販売戦略を考える上で、常に念頭に置いておきたいのが次の4カ条です。

- 1円でも多く売り上げること
- 1円でも安く仕入れること
- 1日でも早く資金を回収すること
- 1日でも遅く支払うこと

【書名】「起業」の歩き方

◎ご購読いただき、誠にありがとうございます。
◎お手数ですが、ぜひ以下のアンケートにお答えください。

…………該当する項目を○で囲んでください…………

◎本書へのご感想をお聞かせください

・内容について	a.とても良い	b.良い	c.普通	d.良くない
・わかりやすさについて	a.とても良い	b.良い	c.普通	d.良くない
・装幀について	a.とても良い	b.良い	c.普通	d.良くない
・定価について	a.高い	b.ちょうどいい	c.安い	
・本の形について	a.厚い	b.ちょうどいい	c.薄い	
	a.大きい	b.ちょうどいい	c.小さい	

◎本書へのご意見をお聞かせください

◎お買い上げ日／書店をお教えください

年　月　日／　市区町村　書店

◎お買い求めの動機をお教えください

1.新聞広告で見て　2.雑誌広告で見て　3.店頭で見て　4.人からすすめられて
5.図書目録を見て　6.書評を見て　7.セミナー・研修で　8.DMで
9.その他（　）

◎本書以外で、最近お読みになった本をお教えください

◎今後、どんな出版をご希望ですか（著者、テーマなど）

◎ご協力ありがとうございました。

郵便はがき

料金受取人払郵便

新宿支店承認

7043

差出有効期間
平成27年8月
31日まで

1638791

999

(受取人)
日本郵便 新宿支店
郵便私書箱第330号

(株)実務教育出版

愛読者係行

フリガナ お名前		年齢　　　歳 性別　　男・女
ご住所	〒 電話　（　　　）　自宅・勤務先 電子メール・アドレス（　　　）	
ご職業	1. 会社員　2. 経営者　3. 公務員　4. 教員・研究者　5. コンサルタント 6. 学生　7. 主婦　8. 自由業　9. 自営業 10. その他（　　　）	
勤務先・学校名		所属(役職)または学年

この読者カードは、当社出版物の企画の参考にさせていただくものであり、その目的以外には使用いたしません。

これは販売戦略に限らず企業経営全般に言える心得で、壁に貼っておいてもいいくらいです。なぜなら、会社のお金を枯らせないことが社長の仕事だからです。

販売方法を検討する際は、仕入れや在庫管理の条件、入出金の流れなど、その販売方法によってキャッシュフローがどう変わるかということも重要な視点です。

新しい価値の生み出し方

新しい事業というと、何もないところからピカピカの商品を生み出すようなものと思われがちですが、そんなことはありません。すでに世の中にあるものでも、少し形を変えることで、新しい価値が生まれることはよくあります。

静岡県の焼津水産化学工業という会社は、水産工場で廃棄されていたカニの殻に注目しました。カニの殻を安く買い取って、キチンキトサンという色素成分を抽出し、健康食品などの素材として販売して成功したのです。捨てられるだけだったカニの殻も、加工することで貴重な素材に生まれ変わる。そして、それをほしいと思う人に届ければビジネスになる。まさに「ゴミを宝に変えた」好例だと思います。

世の中は不完全なもので、常に「あれがあったらいいな」と思う人がどこかにいて、その人の願いを叶えるものがどこかに隠れています。それをマッチングさせていく視点を持つことが商売の基本です。

できるだけ仕入れにお金をかけないコスト感覚も重要です。江戸時代に生き、日本の海運・治水の功労者として歴史に名を残す河村瑞賢《かわむらずいけん》も、輝くほどのベンチャースピリットの持ち主でした。まだ若く貧しかった彼は道端に落ちている残り野菜を拾い集め、精霊流しをしている川下で洗って塩に漬け、道行く人に「縁起のいい漬け物」として売り出して大儲けしたらしいのです。まさに、価値のないものに手を加え、新たな価値をつけるアイディアだと思いませんか。この世の中は、眠れるチャンスであふれているということです。

穴を見つけ、低コストで埋める

新しいビジネスを始めるにあたって、1つ1つ積み上げていくのはなかなか大変です。起業しようと思う人が最初にためらうのが、この積み上げていくイメージです。

ところが実際のビジネス的な感覚でいうと、新しい事業機会は「穴」を探してそこを埋めるという作業に近いかもしれません。何らかの理由で非効率が発生したり、新しい技術の導入（インターネットなどがいい例ですね）でポッカリと新しい潜在需要が生まれているのに、たまたま誰もやっていない、もしくは需要の存在に気がつかないということが多く起きます。

そういう穴は様々な産業で発生します。その存在に気がついて、埋めていく作業が新規事業創出の醍醐味だと思います。先ほどの焼津水産や河村瑞賢の話も穴を上手に見つけたところがミソです。それも低コストで参入できることが重要です。

低コストで埋めることができる穴は発見と行動がすべてです。早く発見し、素早く埋めることで他の参入者と差別化をはかるわけです。そのような穴を見つけることができるのは、特定分野のビジネスに精通している方が有利です。

起業をしたいあなたはきちんと穴を発見できていますか？　もしそれが誰の手もついておらず、かつ低コストで埋められるならば、成功できるかもしれません。

19 「自社ブランド」と「下請け」の選択

販売戦略上の大きな選択として、「はじめから自社ブランド」か「下請けでスタートする」かという問題があります。この世に生まれたばかりのベンチャー企業は、よほどの後ろ盾がない限り実績も信頼もありません。ですから、イチから自前で販売ルートを開拓するのは至難の業というのが現実です。

そこで、はじめは実績のある企業の下請け業務から足がかりを見出すという方法があります。特に、IT分野では〝スーパー下請け業〟として成功している企業も多く、1つの選択肢となるでしょう。製造業であれば、他社のブランド商品の製造をサポートする「OEM」が一般的です。実際、コンビニや大手スーパーがこぞってPB（プライベートブランド）商品を立ち上げるようになったいまの時代、OEMのビジネスモデルで収益をあげる企業は増えているようです。

OEMのメリット、デメリット

注意しておきたいのが、他社に頼るということはその会社の方針に大きく影響されてしまうということです。仮にあなたの会社が食品を製造するA社として、OEM事業を受注している取引先が大手菓子メーカーB社とします。あなたの会社はB社からの指示通りに『BBキャラメル』という商品を作って納品し、契約で交わした代金を受け取ります。商品の販売はＢ社がすでに持っている販売網が使われ、Ａ社が努力をしなくても全国のコンビニやスーパーの店頭に並びます。

ただし、商品にはＢ社の名前が入り、消費者はみなＢ社の商品と認知して購入します。Ａ社は完全に裏方ですが、Ｂ社という大きなブランドの傘の下である種の安定感を覚えるかもしれません。

しかし、この安定は実は脆いものであると知っておくべきです。例えば、急にＢ社の業績が悪化したり、経営者が変わることで、経営計画全体の方針転換が起きたとします。そうなると、「ＢＢキャラメルの事業は中止しよう。Ａ社との契約は継続しない」という決定があっさりとなされても不思議ではありません。Ｂ社からすると、自社の製造部門を使っていないので、簡単に〝切りやすい〟事業なのです。ＯＥＭ受注はリスクも伴うものであると十分に理解した上で始めた方がいいでしょう。特に１社だけから受注し、それが会社の事業のすべてというビジネスモデルはかなり危険なので注意が必要です。

20 売るための知恵を絞ろう

他社のブランドを借りた事業を選ばないとしたら、はじめから自社ブランドにこだわって勝負するということになります。楽天やアマゾンのようなネットショップのインフラ環境は整ってきましたし、製造業が自社ブランドで勝負できる可能性は以前よりも格段に高くなっています。特にフェイスブックなどのＳＮＳの情報拡散力は絶大ですので、高い広告宣伝費をかけずともブランド認知度を上げる戦略は練りやすいでしょう。

1人でもアイディア次第で世界に売れる！

一例ですが、アクセサリーのピアスを耳から外れにくくするための小さな器具、ピアスキャッチの製造・販売に特化したクリスメラという会社を20代で立ち上げた菊永《きくなが》英里《えり》さんという方がいらっしゃいます。彼氏からもらったピアスを落として怒られたという実体験から思いついたビジネスらしいのですが、自社で工場を持たずにファブレス工場（協力工場）に製造をお願いして、ネットショップでの販売で売上を伸ばしてきました。

ピアスキャッチなので商品サイズは小さく、在庫コストがかからないことも堅実なモデル設計だったと思います。菊永さんのように、アイディア次第でたった1人でも世界に向けて売ることができる時代であることは、起業を目指す人にとっては大きなチャンスでしょう。

販売方法の選択肢はいくつもあります。マニュアルがあるわけではなく、あったとしてもそれに従うべきでもなく、起業家がとことん考えて決めるべきことです。「商品に合う売り方はどんなものか」「売りたいと思う顧客とたくさん出会えそうなルートはどこか」「自社ブランドにこだわることはビジネスモデルにとってどのくらい重要であるか」など、じっくり検討してみてください。1人で考えるより、創業メンバー全員で何度も議論する方が、よりよりアイディアが生まれるでしょう。

21 顧客情報を活用しよう

ウォーターダイレクトの伊久間社長がこだわったのは、顧客と直接コミュニケーションできる販売方法でした。そのメリットは、顧客情報を直接握ることで独自のマーケティング戦略を練ることができること、顧客からの声をダイレクトに聞けることでよりきめ細かくサービスの向上をはかれることなど、いろいろとあります。

私もいまの時代は顧客をつかんだ会社が生き残れると考えています。この10年でなぜアップルが急成長し、ソニーが低迷したか。その答えもこれに尽きるのではないでしょうか。

アップルの成長理由については、iPhoneやiMacに代表されるようなシンプルかつ高機能でデザイン性の高い製品のクオリティや、故スティーブ・ジョブズのカリスマ性などがよく言われますが、私は顧客を直接つかむ販売方法にあったのではないかと思っています。

Apple Storeという直営店での販売を徹底し、購入したユーザー情報を獲得します。

メンテナンス窓口にもなる直営店では、常にアップルの新製品を陳列し、ファンを刺激し続けます。ソニーのVAIOは会員向けのサービスはあったものの、そこまで徹底していませんでした。

顧客の声を高精度の商品開発につなげる

顧客との距離を縮めて、その声を直接拾えるベースを作ることは、より精度の高い商品開発力につながります。私自身もレオスを立ち上げる時にはそのことを十分に意識し、いまでも大切にしています。レオスは、販売会社（主に銀行や証券会社）を介さずに投資信託商品を直接販売する日本で数少ない会社の１つです。販売会社を挟まないので、買いつけ時や解約時にお客様からいただく手数料はゼロにし、保有期間中の信託報酬料も低い水準に抑えることができました。

ある意味では販売会社を介した方がラクではあるのですが、販売会社側の「今月はこの投信を売り出しましょう」といった方針に翻弄されてしまうというリスクもあります。何よりお客様と直接つながっていたいという思いが強く、それはひふみ投信という商品をリリースした当初からこだわってきました。

顧客と非顧客の両方を分析する

ひふみ投信を立ち上げた時、顧客はたった69名で運用総額は1億５０００万円でした。これは一般的な投資信託としては異様な少なさでした。しかし、そこから資金を運用して成績を出していくと同時に営業をしっかり行なっていきました。

象徴的なのが、セミナー活動です。２００８年10月に投信の販売をスタートした頃、名古屋でたった３名を前にお話したのを覚えています。大阪で４名、東京でも18名でした。私はここをスタートにして、お客様になっていただけそうな方々に想いを直接伝えてきました。いまでは１００名ほどの会場が満席になりますので、本当にありがたいことです。

セミナーでは必ずアンケートを書いていただき、改善すべき点を発見するヒントにしています。当初は「早口で言っていることがわからない」「腕組みをするとエラそうに見える」といったご指摘をいただいたこともありました。時に意外なものもありますが、お客様が気になったことは事実なので真摯に受け止め、少しずつ改善してきたつもりです。

また、非顧客分析も大事なことです。つまり、まだお客様ではない人は誰かという分析です。そこには商機があります。自分たちがまだつかめていない競合他社の顧客はどんな人たちなのか知ることで、次の一手の大きなヒントになるはずです。

このような分析を踏まえながら、メディアへの積極的な露出、ツイッターやフェイスブックなどでの発信、および土日に全国で行うセミナーなどを通じて顧客とダイレクトにつながりながら、しっかりとお客様を獲得していきました。そうすることで、現在ではお客様は1万人以上、運用総額も130億円（13年7月時点）となり、当初の80倍以上まで増やすことができました。このような結果は地味で地道な活動のたまものですし、周りの人の協力があってのことです。私自身の体験からも言えるように、とにかく顧客分析・非顧客分析をしながら努力し続けることがとても大事なのです。

22　ネット上の批判には冷静に

顧客の声を聞く努力をする際に避けられないのが、クレーマーへの対応です。当然ながら、どんな声でも改善のヒントになるので、まずは真摯に受け止めるのが基本ですが、中には明らかに理不尽で攻撃的な〝モンスタークレーマー〟に狙われてしまう可能性もあります。

最終ゴールはクレーマーではない

特に気をつけたいのが、ネット上で公開されるクレームです。１人のユーザーがツイッターなどである会社の対応を批判した発言があっという間に拡散し、社長が慌てて対応するような事例がここ数年で増えてきました。こういったネット上でクレームを受けた場合、ルール設定を間違えないことが大切です。ネットの場合、そのやりとりは世界の不特定多数の人に公開されています。

ですから、最終ゴールはクレーマー１人を納得させることではないと考えた方が賢明です。もちろん、クレーマー本人に納得してもらえるのであればそれに越したことはありませんが、客観的に見ている多数の観客からも「この会社の社長の姿勢は間違っていない」と思ってもらうことが重要なのです。

感情的なクレームに、一時の感情で応戦してしまうなんてのはもってのほかです。誰に見られているかをよく考え、冷静に対応するようにしましょう。

23 社長は現場感覚を知っておこう

エピソードにもあるように、ウォーターダイレクトの伊久間社長は販売の現場にも自ら真っ先に立っていました。この頃は新たな販売戦略に挑む時期で、特に人手が足りていなかったこともありますが、社長自身が率先して現場に立って営業する姿勢は社員を大いに鼓舞します。

社員がついていきたいトップとは

タクシー業界の中で1人勝ちと言われる日本交通の川鍋《かわなべ》一朗《いちろう》社長も、現場を大切にする経営者です。急逝した先代から継ぐ形で34歳という若さで社長に就任し、多額の負債を整理する大仕事から着手。見事に業績を回復させたあと、1カ月間社長業を休んでタクシー運転手として現場に出たのです。周囲から大変驚かれた決断だったそうですが、従業員の皆さんの心をつかんだことは言うまでもありません。私は日本交通のタクシーに乗るたびに、運転手の方が非常に愛社精神があふれていると感じるのですが、それは社長自らハンドルを握ったことに大きく関係しているのではないかと思います。

例えポーズであったとしても、社長は一度は現場に立つべきでしょう（実際、ベンチャー企業であれば、社長も現場に立たざるを得ないのが現実かもしれませんが）。スターバックスコーヒーも、管理職にはバリスタ経験をさせると聞きます。現場感覚を磨く努力を怠らないトップにこそ、現場はついてきてくれるものです。

第2章 Episode 4 まとめ

⑱「誰に」「何を」「どう売るか」
販売戦略を洗練化し、穴を探して埋める

⑲「自社ブランド」と「下請け」の選択
ビジネスのステージにもよるが、理念と手持ち資金のバランスで適切に決定する

⑳売るための知恵を絞ろう
SNSの普及やクラウド化などIT技術の進展を社内に積極的に取り込む

㉑顧客情報を活用しよう
顧客の声をダイレクトにつかみ、商品開発やサービスに的確に活かす

㉒ネット上の批判には冷静に
クレーマーへの対応に熱くなるのではなく、周りに共感してもらえるように

㉓社長は現場感覚を知っておこう
販売現場に社長がコミットする姿勢を積極的に見せる

Episode 5

商品不具合への対処法

何事も予想外がベンチャーの常識

想定外のことが起きるのが想定内。ファンドマネジャーとして、これまで数え切れないほどのベンチャー企業が立ち上がる経緯を見てきた私にとって、このことは起業の常識と言えるものだ。そして、それはウォーターダイレクトの場合にもピタリと当てはまった。

月々の売上を立て、資金調達をするのに必死になっている最中に、予想もしていなかったことが次々と起こった。ベンチャーの強みはスピード感であり機動力である。予想外の問題が起きてももたつかず、すぐに解決するパワーがあるかどうかが[24]生き残りの生命線になると言っても過言ではない。

商品の設計や売り方を当初の予定より変える決断を迫られたり、信頼できると思っていた人物がトラブルを起こして人繰りに追われたりと、何かが起こる

[24] トップはもの作りの流れを把握しておこう

たびに社長の伊久間は迅速かつ的確な解決をしてきた。中でも最も悩まされた問題の1つは、品質管理の問題だっただろう。モノを売る企業にとって、商品の品質管理は特に細心の注意を払うべきことである。

謎の異臭騒ぎ顛末記

工場が稼働して3年が経とうとしていた2010年の始め、ウォーターダイレクトのコールセンターへ立て続けにある㉖クレームが寄せられるようになった。水から異臭がするというのだ。全体の商品流通量に対する割合としてはごく少数ではあったが、伊久間はすぐに商品の回収を指示した。電話を寄せていただいたお客様には「すぐにうかがいます」と誠意を示し、社員には遠方のお客様であっても誠実に対応するためのコストは惜しまなくていいと伝えた。不幸中の幸いで、お客様が体調不良を訴える報告は1つもなかった。

回収したウォーターサーバーを使って天然水を調べてみると、指摘された異臭は「気になる臭いがわずかにする」「いつもと違いを感じない」と人によって意見が分かれるほど微妙なものであった。

26
クレームには最初に
最大限の誠意で応えよう

天然水の方は出荷前に厳格な品質チェックをしているし、特定のロットにクレームが集中しているわけでもなかったので、原因がウォーターサーバーにあることはほぼ確実だった。異臭の原因についての調査はすぐに始められた。

同時に、回収したサーバーの洗浄にも追われた。富士吉田の工場に集められた数千台のサーバーをひたすら通水して洗い流し、乾燥させるという気の遠くなるような作業が続いた。洗浄作業のためだけに新たに人も雇った。日頃から「品質管理のためのコストは惜しんではならない」と主張する伊久間らしい対応だと思う。

しかし、肝心の異臭の元についてはなかなかわからなかった。取締役会でも毎回議題になったが、「原因究明中です」と繰り返されることが3カ月ほど続いただろうか。伊久間の口調や表情から懸命に取り組んでいることは明らかだったが、その苦労がなかなか報われないようで、私たちも歯がゆい思いでいた。

ようやくわかった原因は、意外なことにサーバーの製造を依頼している海外の工場で使われている接着剤だった。ウォーターダイレクトに納品される際、サーバーの部品をつなぐ接着剤は十分に乾いた状態だが、お客様の元に届くまでの期間が短い場合に、ごく微量ながら成分特有の臭いが残ってしまうケースがあることがわかった。

つまり、工場から出荷されるまでに完全に飛んでいた臭いが、お客様への納品が早くなったために微量に残ってしまっていたというわけだ。注文が増え、かつ効率化の努力が功を奏して商品の回転がよくなった結果として起きた予想外のトラブルだった。すぐに接着剤の変更という対策がとられ、この問題は収束していった。

社員は正しく評価する

品質管理の重要性は、会社の大小に関係なく、等しく重い。伊久間はトップとしてそれをよくわかっていたし、実際に行動に移した。この一件を通じて、何も起きないことは素晴らしいことという認識を強めた彼は、商品の品質管理部門の社員たちのモチベーションを鼓舞し、その仕事に対して敬意を表わす仕組みを意識するようになったという。

例えば、毎日行っている天然水の品質検査結果を共有できるように全社員にメール配信するようになった。また、工場で勤続5年以上の社員を〝月間MVP〟として表彰したり、海外研修に行かせたりしている。

伊久間は次のように言っている。

「㉕営業みたいに成績が数字でわかりやすい部門ではないからこそトップが関心を持って、真面目な仕事に対して感謝を伝えなければならない」

25
苦手な分野ほど
関心を持とう

24 トップはもの作りの流れを把握しておこう

エピソードの冒頭にもあるように、ベンチャー企業は「想定外のことが起きるのが想定内」です。本当に、日々予想もしていなかったいろいろなことが起きます。

私は数多くのベンチャーの起業を近くで見てきましたが、商品は思ったように作ることができず、期待よりも売れず、コストは見込みよりもはるかに高くつくというのが常識です。これが普通なのです。その1つ1つに激しく動揺していてはやっていけませんので、まずは平常心を保つために精神をタフに鍛えることが大切です。トラブルを楽しめるくらいの性格であれば、なおいいでしょう。

「タフネス」＋「会社の全体像理解」＝「トラブル解決力」

社長たるもの、タフな性格の上に的確なトラブル対応力を身につけておく必要があります。トップがトラブル解決の陣頭指揮をどうとれるかによって、その企業の運命は変わってきます。

ウォーターダイレクトが経験した商品不具合の問題は、きっとどんな企業でも通過する洗礼の1つですが、伊久間社長は見事に迅速かつ的確な対応をしたと思います。まず、商品回収やお客様対応についての指示を即座に出し、製造プロセスのどこに問題があるのか調査を始めました。同時に回収した商品の処理に人手を回し、「そのためのコストは惜しまない」という姿勢を社員に示しています。社長自らがコールセンターや工場などの各部門に「何をするべきか」という指示を明確に出したことで、問題は拡大することなく解決に向かっていきました。

それが可能になるのは、社長が商品の製造・販売・資金回収に関する「もの作りのプロセス」を詳細に理解しているからに他なりません。製造の詳細は工場長任せなどのように丸投げにしているケースもありますが、社長が細かな製造工程を理解していないと、いざという時の指示に遅れが生じてしまいます。

すべての部門のマイクロマネジメントをリアルタイムで把握しておく必要はありませんが、大まかには共有して理解しておくことが、トラブル解決力につながるのです。

25 苦手な分野ほど関心を持とう

社長が会社の全体像を把握しておくためには、「苦手な分野ほど自分でやって、得意な分野ほど人に任せる」という意識を持っておくといいかもしれません。よく言われるのは「得意な分野を自分でやって、苦手な分野は人に任せる」ということなので、その逆ですね。なぜ逆の方がいいかというと、苦手な分野を人に任せるといつまでも学ばないからです。

例えば、「お金の管理が苦手だから」と財務全般を担当者任せにしていると、資金の現状について段々と正しく把握できなくなっていきます。「機械のことはよくわからないから」と製造プロセスの詳細をキャッチアップしないままでいると、商品に不具合が生じた時に社長自身が原因の推定をすることは困難でしょう。

大事なのは、会社のどの部門に関しても社長が主体性を持つことです。もともと得意な分野や知識豊富な分野は放っておいても積極的に関わりたくなるので主体性を持てますが、苦手な分野は意識しなければ手が離れてしまいます。

20～30時間かければ苦手分野を克服できる

優秀な経営者は非常に勉強家です。伊久間社長いわく、「どんな分野でも20～30時間集中して勉強すればだいたいの概要はわかるようになる。『難しくてわからない』とさじを投げるのは、2～3時間の勉強で諦めてしまうからだと思う」とのこと。確かに一理あると思います。

ベンチャー企業の強みは、トップ自らがフットワーク軽く動ける機敏性です。その強みをトラブル発生時に存分に発揮するためにも、苦手な分野ほど専門家であろうと日頃から努力を重ねておきましょう。

苦手部門を完全に人任せにすると聖域化して、そこの人間が怠慢、もしくはサボタージュをしてもわからなくなります。そして、それはベンチャー企業ではしばしば起こりがちです。気がつくとその部門が成長のボトルネックになっていたり、足を引っ張ったりということすらあります。とにかく、苦手な分野を人に任せ過ぎないことを心がけてください。

26 クレームには最初に最大限の誠意で応えよう

繰り返しになりますが、会社を経営するということはありとあらゆるトラブルを経験することとほとんど同じです。

商品の品質管理においても、完璧なものはこの世に存在しないと思っていいでしょう。実際、誰もが知っている大企業も、返品回収やリコールなどでしょっちゅう世間を騒がせているではありませんか。ビジネスが人の手によってなされる以上、何かしらのエラーは不可避なのだと思います。

会社の存続は顧客対応力が決定づける

もちろん、だからと言って開き直っていいというわけではありません。商品の品質管理に関して経営者がするべき努力は、「できるだけ商品の不良率を下げる」ことと、「顧客への対応力を上げる」ことの２つです。特に、後者の顧客対応力は会社の存続を左右する重要なテーマです。

伊久間社長の場合、クレームの電話をいただいたお客様に対しては、どんなに遠方でも「すぐにうかがいます」という姿勢を示しました。結果的に、実際に「では、来てください」と答えるお客様はそれほどいなかったそうですが、第一声で最大限の誠意を見せることに大きな意味があると考えたのでしょうし、実際にその効果は大きかったと思います。

なお、こういった緊急時のトップダウンの指示は、日頃から現場のどんな小さなトラブルでもトップの耳に入ってきやすい組織文化が可能にします。社長と現場との距離感を縮める工夫、組織全体の風通しをよくする工夫が、大きなトラブルを未然に防ぐ予防薬になるのです。

第2章 Episode 5 まとめ

㉔トップはもの作りの流れを把握しておこう

社長が詳細なビジネスの流れを知れば知るほどリスクが減る

㉕苦手な分野ほど関心を持とう

苦手分野を人任せにすると、そこがいずれ問題の所在となる

㉖クレームには最初に最大限の誠意で応えよう

どんなに遠方からのクレームでも「すぐにうかがいます」という姿勢を示す

Episode 6

従業員の採用・待遇

押しかけ入社の男

彼はいつも、とにかく唐突な男だった。

はじめて出会ったのは、私が非常勤で『ベンチャーファイナンス論』の講義をしている明治大学の教室だった。彼は私の講義を受講している大学生で、名前を伊藤君と言った。

本当のことを言うと、教室ではじめて声をかけられた時、私は彼の名前をすぐに思い出せなかった。それくらい授業中はごく普通の目立たない学生だったのだ。

「[28]僕、とにかくギターを弾くのが好きなんです」

単位の相談かと思ったら、どうやら違うらしい。聞けば、勉強より音楽の方がずっと好きで、憧れのバークリー音楽大学に出願したら見事合格したのだと

[28] どういう人間を採用するか

いう。アメリカのバークリーといえば、音楽の道を志す者なら誰もが憧れるであろう超一流校だ。すごいことじゃないか。しかし、夢のチケットを手に入れたはずの彼は、進学を迷っている様子だった。

「親は普通に就職しろと言います。親だけじゃなく、周りのみんなもそうです。でも先生、僕は音楽が本当に好きなんです。卒業したら就職せずにバークリーに行った方がいいでしょうか？」

私は、「迷わず行くべきだ。好きな道ならば進んだ方がいいよ。人生は長い」と答えた。彼は少しほっとしたような顔になり、その後本当にアメリカへと旅立って行った。

それからしばらく音沙汰はなく、数年が経った。私がいよいよレオスを創業しようという頃、彼から1通のメールが届いた。そこには、バークリーのステージでギターを演奏する伊藤君の写真が添付されていた。何かの課題発表の場なのだろう。大人数の前で楽しげに演奏している姿があった。バークリーの同期にはピアニストの上原ひろみさんもいて、充実した音楽生活だったのがうかがい知れた。

「夢が叶いました」

文面にあったその言葉に胸が震えた。私は手短に祝福の言葉を綴り、伊藤君の成長が嬉しく勇気づけられたこと、私自身もいよいよ自分の会社の創業を明日に控えていること、そして、お互いに頑張っていこうというメッセージを返信した。いつか彼と再会できる日が楽しみだと思いながら眠りについた。

それから2、3日後、出社して度肝を抜かれた。なんと、伊藤君がオフィスの前にいるではないか。

「決めました。[27]僕は藤野さんのもとで働きます」

彼は私のメールを読んで、あろうことかバークリーを中退し、帰国したのだと言う。私はあまりのことに事態を把握しきれないまま「何を考えているんだ！　音楽の夢はどうしたんだ？」と聞くと、彼は顔色1つ変えず「バークリーのステージで演奏したいという夢は叶ったから、もういいんです」などと言う。

面食らった私は、とにかくアメリカに帰って中退を撤回して来いと言った。しかし彼の意志は固く、「僕はもう決めたんです。入社していいと藤野さんが

27
社員や知り合いの
紹介を頼ろう

言ってくれるまで、ここを一歩も動きません」と言って本当に動かない。

さすがの私もこれには参った。押しかけ女房ならぬ押しかけ入社だ。バークリーを辞めてレオスで働きたいという彼の希望が強い決意によるものならば、それを否定することはできない。しかし、[29]実際のところ創業まもないレオスには新たに人を雇う余裕などなかった。

仕方ないので、彼にはアルバイトとしてお茶汲みやコピー取りなどの雑用をやってもらうことにした。時給はもちろん最低レベルだ。彼はそれでもかまわないと言って、毎日オフィスに来るようになった。

ところがである。伊藤君は驚くほどに雑用ができなかった。お茶を淹れるのも下手くそ。コピー取りも要領を得ない。湯呑みやカップを洗えば床は水びたしにする。しかし、事前にチェックできるような採用の仕方ではなかったので、それはしょうがないと耐えるべきか…。

ギタリストからアナリストへの華麗なる転身

お互いの忍耐期間は半年ほど続いた。レオスのファンドができたタイミング

29
会社の成長に応じた
社員数にしよう

で、伊藤君を[31]アシスタントアナリストとして社員に採用することにした。すると、彼は本当に意欲的に働いた。もともとバークリーに留学できるほどギターを習得した男だ。ギターが上達した理由を聞くと、「死ぬほど練習したから」と答える。

何かを学ぶと決めた時の集中力と根気は、一流の資質を持っている。いい意味でも悪い意味でも、[32]思い込みが強く、やると決めたらとことん努力するタイプなのだ。実際、彼は会社訪問の経験を積んで、メキメキと成長していった。

その後、事業が拡大して社内の環境が少しずつ変わる中で彼は体調を崩し、[30]結局レオスを去ることになった。少し残念ではあったが、再就職した大手資産運用会社での活躍の噂は時々耳に届いていた。

彼からの連絡はしばらく途絶え、私から連絡することもなかったが、またある日突然メールが届いた。そこには、いままで連絡をできなかったことに対するお詫びと、ある報告が書かれていた。

「シニアファンドマネジャーに抜擢され、ニューヨークの系列会社に赴任することになりました。お世話になった藤野さんには、どうしてもご報告したくて

31 給料以外の動機づけを考えよう

32 目指す組織に合った社員の育て方

30 解雇通達の言葉は十分に選ぼう

メールをしました」

私は心から嬉しく、トイレの個室に入り込んで少し泣いた。いやはや、どうして。彼にはいつも驚かされるばっかりだ。

第2のザッカーバーグのような経営者を発掘しろよな。そう返信して、私はデスクに戻った。

27 社員や知り合いの紹介を頼ろう

先のエピソードで紹介した伊藤君のことは、これまでもツイッターやフェイスブックで紹介したことがありますが、忘れられない社員の1人です。

ベンチャー企業は創業者の顔が前面に出るものなので、「あなたのもとで働きたい」という人が時々現われます。ただ、多くは「実績を積むのはこれから」という状態で創業するものなので、伊藤君のような例はちょっと珍しいケースかもしれません。

いい人材は口コミから

当初、人の採用にはとても苦労するのが普通です。ただ募集するだけではなかなか応募はありませんので、「こんな人いない？」と周囲に声をかけて紹介をお願いするのが一般的です。人材紹介会社を頼るという手もありますが、お金がかかりますし、名もないベンチャーに興味を持ってくれる人がそもそも少ないという現実があります。

その点、社員や知り合いの紹介というのは、信頼できる人の目を通しているので

〝第一次選考突破〟という意味で、質の高い人材と出会える可能性が高いと言えます。特に、社員の紹介は成功確率が高いでしょう。なぜなら、自分が一緒に働きたいと思わない人を紹介したりはしないからです。かつて私が所属していた大手外資系資産運用会社はこのことをよくわかっており、優秀な人材を紹介した社員に報酬を与える制度を取り入れていました。それも年俸の３分の１と大変高額でした。それほど口コミの信頼性は高いということです。

働きぶりを知る人の話を必ず聞く

創業期のまだ人数が少ない段階では、創業者自らが知り合いに声をかけることが多いかもしれませんが、自分が直接知らない人の採用を考える時には、必ずその人と一緒に働いたことがある人から評判を聞くようにしましょう。

「面接での話がとてもよかったから」などと、履歴書と面接だけで安心するのは危険です。意識的にも無意識的にも人は平気で嘘をつくものですし、話がうまいだけの人は世の中にたくさんいます。過去の働きぶりを間近で見ていた人の評価を重視した方が賢明です。

この点を強調するのは、私自身苦い経験があるからです。輝かしい実績に目が行き、一緒に働いたことがある人からの悪評に目をつぶって採用した結果、かなり苦労することになりました。実は、採用の時に彼の仕事のやり方にリスペクトをしきれない自分がいることはわかっていました。しかし、新たなファンドを立ち上げる戦力がほしいという焦りが妥協を招いてしまったのかもしれません。読者の皆さんには、私のように妥協をしないことをお勧めします。

28 どういう人間を採用するか

人の採用については、第1章の01でも触れた「能力よりも人格重視」という点も、頭に入れておきたいポイントです。

世界的に有名な投資会社キャピタルの採用基準は、「空港で足止めされて一泊しなければならなくなった時に、その人と朝まで一緒に過ごすことができるか」だそうです。不便な環境で突発的なトラブルに見舞われた時に、ともに乗り越えることができる相手かどうかという視点です。どんなに能力が高くても、人格が最低な人とは空港で一緒に一泊したくはないですよね。

面接では「この仕事が好きか？」と質問する

私自身が採用の場に立ち会う際にいまでも重視しているのが、「この仕事が好きか」という点です。私の会社であれば、投資を生業としていますので「株式投資が好きか？」という質問を掘り下げて聞いていきます。

なぜかというと、どんなつらい状況にあっても這いつくばって力を発揮できるかどうかは、結局その仕事のことを心から好きで誇りに思っているかどうかという点にかかっているからです。明日の保証が何もないベンチャーにとってはなおさらです。

そういう意味では、「創業者のあなたに憧れて」という〝人〟に対する動機づけで入社してくる人は、安定感に欠けるかもしれません。「憧れていた人なのに、入社してみたら思っていたイメージと違う」などということにもなりかねないからです。

もう1つ質問するとしたら、「5年後、10年後の夢」です。将来、自分がこうなりたいという夢をスラスラと言える人は、常に自分の目標を明確に持ちながら、実際に行動している人です。その質問をされてしどろもどろになってしまう人は、周りに流され、主体的に仕事に取り組めないタイプの人でしょう。実際に5年後、10年後のなりたい自分のイメージを持っていない人があまりに多いと思います。将来のイメージは会社に作ってもらうものではなく、自分で作るものなのです。

29 会社の成長に応じた社員数にしよう

社員の適正人数はどれくらいでしょうか。これは、ベンチャー企業に常につきまとう問題です。人数とマネジメントの関係は、私のイメージでは次のようになります。

社員1人（創業者のみ）……身軽で気楽
社員3人……全員が当事者意識を持って仕事ができる
社員10人……家族的雰囲気がまだあり、マネジメントなしでも何とかやっていける
社員30人……全員の顔と名前は一致するが、ぶら下がり社員が出現する

社員１００人……………顔と名前が一致しない社員も出現し、会社組織としての整備が必要となる

自社の適正人数を見極める

「社員の増加率＝企業の成長率」とは限りませんが、売上が伸びて会社の事業規模が大きくなるにつれて、人手が必要になってくるのは事実です。この時、あまり多めに採用してしまうのはリスキーです。一度採用してしまうと、辞めてもらうのはなかなか困難だからです。

難しいのは、「あと1人採るべきか」というさじ加減です。あまりに人手不足の状況が続くと社員から不満が噴出しますし、そうかと言って多く採り過ぎてから辞めてもらうような事態になれば、社員はショックを受けて士気が一気に下がります。

社内の様子をよく観察しながら、「このくらいがギリギリかな」という自社にとっての適正人数を見極めるようにしましょう。

30 解雇通達の言葉は十分に選ぼう

一度仲間に加わってくれた人とは長く一緒に働きたいものですが、残念ながら辞めていただくお願いをしなければならない時もあります。これは経営者としてはとてもつらい仕事です。

相手の人格を否定してはいけない

社員に辞めてもらう時、十分に注意したいのは伝え方です。絶対に口にしてはいけないのは、相手の人格を否定するような言葉です。会社と社員との関係はあくまで相性です。いまその人が持っている能力や適性が、その時の会社が必要とするものと合っていないということで、人格そのものが悪いわけではありません。セクハラなどの問題を起こした社員の場合は少し事情が異なりますが、それでも言葉選びは冷静に努めましょう。

大事なのは、お互いに立つ鳥跡を濁さずの精神で恨みを残さないことです。時々、

「元アルバイト社員が、未払い分残業代請求」といった報道がありますが、これは恨みを残してしまった結果なのだろうと推測します。お互いに誠意を持って、合理的な選択として別れることができれば、このような不幸なことにはならないはずです。

もう1つ知っておくべきなのは、「ベンチャーだから社員を自由にクビにしていい」というのは誤解だということです。ベンチャー企業であっても労働基準法を遵守する姿勢が大事ですし、罰せられるケースだって少なくありません。

特に解雇を検討する場合には、顧問弁護士によく相談しながら、物事を進めることをお勧めします。

31 給料以外の動機づけを考えよう

社長の仕事は、「人に気持ちよく働いてもらう」ことと、「お金を枯渇させない」ことの2つであるということは前にも述べました。人件費にかけるコストを抑えつつも、いかにモチベーション高く働いてもらうか、常に工夫を重ねていかなければなりません。

肩書きや表彰制度で社員に報いる

まず、給料は高めに設定しないことが大事です。最初から高く設定してしまうとなかなか下げられませんし、毎月の固定費が膨大になって経営を圧迫します。もちろん、霞《かすみ》を食って永遠に生きていくわけにはいきませんから、将来的に給料を上げていく努力をするのは当然です。

しかし、低い給料では大企業の出身者から不満が出るかもしれません。その時は、給料以外の〝仕掛け〟でモチベーションを上げられないか考えましょう。例えば、「肩書き」を上手に使うという方法があります。役員でありながら、会社に対してはあくまで使用人の立場である「執行役員」などは、とても使い勝手のいい肩書きです。「お給料は下がってしまうと思いますが、執行役員として来ていただきたい」なんて言われたら、誰でもちょっと心が動いてしまうのではないでしょうか（とはいえ、社内が執行役員ばかりではおかしなことになってしまいますが…）。

また、会社に貢献した社員を表彰する制度なども、モチベーションアップにつながるでしょう。お金で払えない分、社員に対して何かできることはないかを常に考える意識を持つことが大事です。

ただ、実際にはストックオプションや将来の収益配分計画など、事業の成功とともに給料が増えていくような仕組みも必要です。人はお金だけでは動きませんが、将来まったく給料が増える見込みのない会社に優秀な人を引き止めることが難しいのも事実なのです。

32 目指す組織に合った社員の育て方

人を採用した後の課題は、どう育成するかです。育てると言っても、その方法は様々です。経営者がどんな育成文化を作っていきたいかを、あらかじめよく考えておくことが大事です。

藤野英人が部下に冷たい理由

私の場合は、よく部下から「藤野さんって、意外と冷たいんですね」と言われてきました。優しくて面倒見がよい人かと思って入社すると、案外放っておかれると感じるようです。それもそのはずで、実際私はあまり自分から積極的に仕事を教えることはしません。聞かれたら教えますが、聞かれていないことまで丁寧に指導することはありません。

投資の経験が浅い社員に対しても基本的なガイドはしますが、やり方はあなた次第というスタンスです。なぜそうしているのかというと、社員の育成という意味では「私自身のライバルを作る」ことが最大の成果だと思っているからです。藤野英人というファンドマネジャーのコピーを量産しても仕方ありません。私の会社に所属するファンドマネジャーには、それぞれの強みを発揮してほしいのです。

つまり、手取り足取り指導しなくても自ら学ぶ組織にしたいと考えています。それが、私の会社の業種に合っているという理由もあります。仕事に対して自分流のスタイルを持っている人や、ある程度任せてもらって、のびのびと働きたいという人には、居心地がいい環境ではないかと思います（実際、一緒に働いていた部下の多くがいま同業他社で大活躍し、私のライバルになっています）。

逆にきめ細かく指導してもらわないと不安という人にとっては、非常にストレスフルかもしれません。そんな従順タイプの人には、社員を自分色に染める「オレについて来い！」という族長タイプの経営者の方が合っているでしょう。

これはあくまで私のスタイルであり、あれこれ細かく指導する方がうまくいくビジネスや会社もたくさんあるでしょう。社員が同じ方向を向いて同質性の高いアウトプットを出していく会社にするのか、あるいはそれぞれの社員が自ら学びながら個性を発揮しやすい会社にするのか。あなた自身の価値観や事業内容に合うのはどちらか考えて、環境作りをしていくといいと思います。

第2章 Episode 6 まとめ

㉗社員や知り合いの紹介を頼ろう

働きぶりを知る人から評判を聞く

㉘どういう人間を採用するか

お金や地位が好きな人ではなく、そのビジネスが好きな人を採用する

㉙会社の成長に応じた社員数にしよう

多過ぎても少な過ぎてもダメ。ギリギリの適正人数を見極める

㉚解雇通達の言葉は十分に選ぼう

絶対に侮辱的な言葉を使わない。お互いに恨みを残さないこと

㉛給料以外の動機づけを考えよう

肩書きや表彰制度などで社員のモチベーションを上げる

㉜目指す組織に合った社員の育て方

干渉型か非干渉型か、価値観や事業内容を考えて決める

第3章

ミドルステージ

企業としての形を整え、ピンチを乗り切る

Episode 7

組織としてのルール、カルチャーの整え方

まずは5Sの徹底から

2010年1月は、ウォーターダイレクトという会社にとって、フレッシュな年明けとなった。それまで取締役として経営参加していた伊久間が社長の席についてから、早1カ月が経とうとしていた。

社長の交代は、ベンチャー企業にとって決して珍しいことではない。強力なオーナーシップがものを言う創業期と、緻密なオペレーション能力が問われ始める時期とでは、㉞求められるリーダーシップが異なるからだ。上場も見据えた成長を目指すため、ウォーターダイレクトはトップ交代という選択をとったのだった。

こういう時、社員は期待とともに「㉝会社は大きく変わってしまうのだろうか…」という不安も抱くものだが、伊久間は大声で変革を打ち上げるようなこ

㉝ 忙しい時ほど社内をケアしよう

㉞ 会社の成長に適したリーダーシップとは

とはしなかった。代わりに着手したのが、地味とも言える意識改革だった。

例えば、㉟掃除や挨拶の徹底。彼はこれまで取引先や金融機関の担当者を招くたび、「きれいな工場ですね」「従業員の方の挨拶が気持ちいいですね」と褒められることが多いと気づいていた。褒められる部分は、周囲から評価されているということであり、長所として磨くべき部分だと考え、5S（整理、整頓、清潔、掃除、躾《しつけ》）の徹底を繰り返し呼びかけた。

こういった行動の基本が社員1人ひとりに行き届いている企業は成長の可能性が高い。それは私自身もファンドマネジャーとして多くの会社を訪問して目にしてきたので、この方針には大賛成だった。

見た目で変わったことと言えば、㊱社長室がなくなったことだろうか。伊久間は社員がトップと情報伝達しやすい環境に変えるため、自分の席をメインルームの真ん中に置いた。これは、彼が目指す意識改革を進める上で、社員の日々の行動をチェックするためにも有効だったはずだ。コツコツと小さな行動習慣の改善をして、1年後には「いつのまにか会社全体がよくなっていた」という流れにするため、地道な働きかけを続けた。

35
「掃除」と
「挨拶」を
大切にしよう

36
オフィスは
ワンフロアがいい

コスト意識と数字の見える化

中でも苦労したのが、[37]コスト意識の変革だろう。日々資金繰りに追われるベンチャーにとって、無駄に使えるお金は1円もないと言っていい。しかし、創業期に入社した60代以上の大企業出身者の中には、〝大企業病〟がなかなか抜けない者も少なからずいたのである。

積み上げられた経費精算待ちの領収書を1枚1枚見て、声を荒げたくなることは一度や二度ではなかった。ほぼ毎日17時に仕事を切り上げて接待をする社員、電話で済みそうな打ち合わせのためにわざわざ大阪まで出張して1日潰している社員。目に余る状況を見つけるたび、伊久間は当人を呼び出して「会社の財布を自分の財布と同じように使ってください」と諭した。

恵まれた待遇の大企業にいると、「会社のお金は使い放題」「お金は振ればいつでも出てくるもの」と誤解しがちだが、そんなわけはない。「会社のお金を無駄遣いしたら、皆さんの給料の原資が減ります」と理解を求めた。

また、「経費精算は毎月末締め翌月5日提出で、以降は受け付けない」「接待

37 社内のコスト感覚を磨こう

費用は1人5000円まで」といった新たなルールを告知し、ルーズな体質を引き締めていった。自身も新幹線のグリーン車利用を辞退するなど、社員に示せる行動を心がけていた。高級な車を乗り回したり、寿司屋で接待したりすることに喜びを感じるような人には、ベンチャーの社長は務まらないのである。

経理担当者には、会社のお金の出入りを1日単位で記録する「日繰り」を徹底するように指示した。月単位で管理する企業も多いが、伊久間はベンチャー経営には日繰りが必須だと感じていた。なぜなら、例え月末に1億円の預金があったとしても、翌月上旬に支払いが集中すれば残高はゼロに近づくからだ。

いつお金が入り、いつ出ていくのかという月の中でのキャッシュフローが具体的に見えれば、仕入れの支払い時期の交渉の仕方も変わってくるし、無駄な借入も減る。とにかくキャッシュが底をつかなければ会社は存続するのだから、これは然るべき対策だった。

このようにコスト意識改革をすることで伊久間が目指していたのは、経営状況の改善と数字が見える会社への転換だった。混沌とした創業期には月次報告さえままならない状況だった会社を、日単位で数字が見える体制に変える。これは投資家に出資を募ったり、融資をお願いする際に重要な要件だ。家計簿もつけられない人に、自分の大事なお金を預ける人はいないだろう。

時間の浪費はベンチャーの大敵

並行して、[38]時間のコスト意識の改革も行われた。スピードが勝負のベンチャー企業にとって、時間の浪費もまた大敵だからだ。

「今日は出張なので、メールのチェックができない」と言う社員の声を聞けば、すぐにノートパソコンの支給を決めた。また、富士吉田の工場との打ち合わせを効率化するために、テレビ会議システムを導入した。これまでのやり方に慣れている社員から不満の声もなくはなかったが、この部分は強く舵をとるべきだという信念が伊久間にはあった。

そのようにして、ウォーターダイレクトは少しずつだが、鮮やかなほどに組織として着実な成長を遂げていったのである。

38 時間の効率化を最大限高めよう

33 忙しい時ほど社内をケアしよう

実績が少しずつ出始めて手応えを感じてきたとしたら、営業強化のタイミングです。社長自らトップセールスにますます精を出すことになるでしょう。そんな外回りが忙しくなる時ほど注意したいのが〝おうちのケア〟、つまり社内のケアです。

会社の拡大期には社員の数も増え、その分1人ひとりのスタッフへの配慮がどうしてもおろそかになってしまいます。特に毎日オフィスの中で黙々と仕事をしている事務方のスタッフにとって、営業とわかっていても社長が不在がちというのは、何となく不安を感じてしまうものです。

「社長は外で何をしているんだろう？」「私たちが毎日こんなに頑張っているのを本当にわかっているのだろうか？」「いや、わかっていないどころか、自分だけ外で遊んでいるんじゃないか？」……そんな風に不安が不信へと変わってしまうのです。

これが長期化してしまうと大変です。社長に対してのネガティブ感情が膨らみ、恨みに近い感情にまで発展し、ついには〝背中から刺す〟ような行動につながってしまうこともあります。例えば、「うちの社長は遊び回っている」などの悪評を振りまいたり、重要な仕事をわざと放置したり。大袈裟ではなく、これはよくある話なのです。実際に、多くの職人タイプの社長が社員の反乱で危機に陥っています。

社員を安心させる魔法の一言

そうは言っても、社長が営業しなければ売上は立ちません。売上が立たなければ会社は潰れてしまうのですから、営業を止めるという選択肢はないでしょう。

では、どうしたらいいのか。私が大事だと考えるのは、細かな日々の言葉がけです。具体的には、社員に対して関心があることをこまめに伝えるのです。

人が最も不安になるのは、自分に対する無関心です。「あなたのことを気にかけていますよ」「あなたの頑張りをわかっていますよ」というメッセージは、相手をとても安心させます。そんなに気の効いた言葉はかけられない…と思う方、ご安心を。ごくごく簡単な言葉でいいのです。

「最近、どう?」。これで十分です。朝会ったら、「おはよう。最近、どう?」。社内ですれ違ったら、「お疲れ様。最近、どう?」。これだけで、相手が受け取る印象はまったく変わります。もちろん「いつもありがとう」と感謝の言葉を述べるのもいいのですが、そこまでせずとも「最近、どう？」の一言だけで社内トラブルの大部分は防げると思います。もし余裕があれば、食事やお酒に誘うとよりいいですね。

あるいは、愚痴を言うのも効果的です。いつもいつも愚痴ばかりでは問題ですが、時々「はぁ、今日も外回り疲れたなぁ」「なかなかわかってもらえないんだよなぁ」と、あえて社内で弱音を吐いてみてください。言われたスタッフは「社長が自分に弱音を吐いてくれた」と受け止め、親しみを感じてくれることが多いはずです。

また、叱るという行動も叱るほど関心を持っていることの表われなので、スタッフとの信頼関係が深まるきっかけになります。

最もよくないのが無関心です。「いやいや、十分社員に関心を持っているよ」と思うかもしれませんが、それをわかりやすく示さないと無関心と同じです。このことは実際に経営をすると身に染みます。どんなに一所懸命働いても、それが社員に伝わらないとむしろネガティブにとられることが多いものです。

営業や資金調達に忙しい時ほど、社内への気配りを心がけましょう。社長の１日は、実に忙しいのです。私もこれができなかったために会社が危機に陥ってしまいました。

私自身の反省を込めて。

34 会社の成長に適したリーダーシップとは

ベンチャー企業というと、1人のカリスマ的経営者が一貫してトップに立ち続けるようなイメージがあるかもしれませんが、実際はそうとは限りません。会社の成長に伴って必要となるリーダーシップの形は変わりますし、トップ交代が望ましい時期が訪れることは珍しくないのです。

会社を成長させるための3つの経営者タイプ

経営者のタイプは大きく分けて3つあります。それは、電車開通の段階によく例えられます。最初は、未開の山を切り拓くタイプ。そこで求められるのはとにかく勢いと行動力であり、時に野性の勘を発揮しながら、情熱的に新しいビジネスに没頭できるブルドーザータイプのリーダーシップです。

次は、切り拓いた土地を整地して法面《のりめん》を固めて線路を敷設するタイプ。より計画的にアクションを起こし、利害関係者との交渉力に長けたリーダーシップです。そして、最後は電車を実際に走らせるタイプ。毎日安全に電車が定時運行するための管理能力が重視されます。

以上の3つのリーダーシップをすべて兼ね揃えたリーダーであれば、ずっと長くトップのままで問題ないわけですが、そんな人はなかなかいませんよね。私の感覚では、1番目のブルドーザータイプの傾向が強いリーダーは、3番目のような緻密な定時運行を実践するのが苦手なケースが多いようです。

成長ステージによってトップ交代も考える

このように、会社のステージによって必要となるリーダーシップは変化します。そのことを十分に理解した経営者が意識的に自分の資質を磨き続け、ステージに合ったリーダーシップを身につけていけば何ら問題はありません。

もし、「自分1人ではとてもこなせない」と感じたとしても、より得意な人を探して任せる方法を考えればいいのです。これはアメリカではごく普通のことです。典型的なブルドーザータイプの人物がスタートアップの時期だけを専門とする経営者として招かれ、役割を全うしたらまた別の会社の立ち上げに関わるというのはよくある話です。適性に応じたリーダーの役割分担ができているということです。

日本もこの10年で起業経験者がかなり増えてきました。あと10年もすれば、起業経験者の層も厚くなり、アメリカのような起業家の人材流動化が起きるのではないでしょうか。

35 「掃除」と「挨拶」を大切にしよう

伊久間社長もそうしたように、掃除は会社の中でぜひ大切にしてほしい習慣です。単にきれいにするというだけではなく、会社や仕事に対する意識が磨かれます。また、整理整頓によって仕事そのものが効率化していく効果もあります。

会社の大きな成長につながる小さな習慣

掃除という習慣を通じて、社員の気持ちを合わせていくことが大切です。小型モーター製造の日本電産を創業した永守重信《ながもりしげのぶ》社長も、社内で「整理、整頓、清掃、清潔、躾、作法」の６Ｓをスローガンとして掲げ、掃除を徹底しています。その結果が、ブラシレスＤＣモータ世界シェアトップという実績なのですから、説得力がありますね。

　また、挨拶も大事です。私は仕事柄多くの企業を訪問しますが、訪ねた先であちこちから気持ちのいい挨拶の声がかかると、「この会社は成長する見込みがある」と感じます。挨拶そのものの印象がいいのもありますが、社員１人ひとりが仕事に対してそれだけ積極的かつ自発的に考えられる会社だと想像できるからです。

　挨拶が素敵な会社としてすぐに思い浮かぶのが、スタートトゥデイという会社です。『ＺＯＺＯ　ＴＯＷＮ』というファッション通販サイトを運営し急成長を遂げてきた会社ですが、この会社に行くとすれ違う人ほぼ全員から「こんにちは！」という爽やかな声がかかります。それがとても自然で、実にいい挨拶なのです。もちろん教育もしているのでしょうが、どちらかというと挨拶が自然にできる人材を採用しているのかもしれません。

　挨拶はコミュニケーションの基本ですから、交渉力などのビジネスに必要とされるスキルのベースにもなるのです。

36 オフィスはワンフロアがいい

伊久間社長が社長室を取っ払ったように、オフィスのレイアウトは会社のカルチャーをそのまま反映します。自分がどんな社風にしたいかをよく考え、それを実現できるようなオフィス環境を整えていく意識を持ちましょう。

絶対に悪いわけではありませんが、意思決定のスピードが強みのベンチャー企業に関しては、できるだけ社長室の壁はない方がいいように思います。聞こうとせずとも社員同士の会話が社長の耳に入り、社員が相談したいと思った時にすぐに社長に声をかけられる環境は、少なからず業績に反映されるはずです。

ベンチャーの強みが弱まる複数フロアの罠

強く勧めたいのが、オフィスはワンフロアがいいということです。社員が増えて手狭になると、オフィスの引っ越しを考えて移転先を探すことになります。その際、2階、3階とフロアを分けて借りるのではなく、ワンフロアで間に合うような広さのビルがいいでしょう。

なぜなら、不思議なことにフロアが違うというだけで「３階の人たち」などと呼ぶようになったりと目に見えない線引きが生まれてしまうからです。最上階に役員フロアを作った暁には、役員は「上の人」になってしまいます。これでは、風通しのいい社風が育まれないことは明らかですよね。

「会社側の意見」や「会社はこう言っている」という言い方がありますが、これは自分と会社との間に大きな壁があるという意識の表われです。ベンチャーで社員が「会社」という言葉を持ち出すようになったら要注意です。ただでさえ小さくてブランドもないのに、一体感のない会社が大企業や他の素早いベンチャーに勝てるわけがありません。

そこには当事者意識はなく、むしろ会社は常に何かしてくれるはずという依存心が垣間見えます。こういった非当事者意識が蔓延していくと、ベンチャー企業ならではの機動力や勢いが急速に失われてしまいます。それをできるだけ避けるためにも、オフィスの環境作りなどのできる予防策を取り入れておくと効果的です。

37 社内のコスト感覚を磨こう

伊久間社長が徹底したように、会社の中で使われるお金の管理は非常に重要です。ここがなあなあになると常に経費が高くついて利益が下がるのはもちろん、緊急事態が生じて会社のキャッシュフローを引き締める必要が出た時、社内の足並みが即座に揃わずに命取りになることすらあります。何事も日頃の習慣がものを言うのです。

コスト意識改革のためにすべき2つのこと

社内のコスト意識を高めるために社長ができることは2つ。

1つは、「自ら手本を示す」ことです。社員は思った以上に社長の行動を見ています。「経費をあまり使わないように！」と社員に言っておきながら、自分は贅沢をしているような社長には誰もついてきません。例えばアマゾンのジェフ・ベゾス社長は徹底したコストカッターとして知られ、出張の飛行機の席は重役でもエコノミークラスだそうです。時価総額世界トップクラスの企業なのに。

もう1つは、「社長自らチェックする」ことです。経理の担当者に任せっぱなしにせずに、毎日のキャッシュフローを把握することで、様々な問題点が見えてきます。社長が見ているという緊張感は、社員の行動を変えるのに十分な効果がありますし、資金繰りが健全な経営を続けるためにも必要です。お金周りは不正の温床となりやすいので、人任せにしないことが大事です。

また、経費のチェックを通じて社員の働き方も見えてきます。出張費1つとっても旅行代理店から言われるまま正規価格で購入する人と、楽天などのネットサービスを駆使してできるだけ安い価格で調達する人では、会社に対するコミットの仕方がまるで違います。人を見るという点においても、経費の足跡はとても雄弁なのです。

38 時間の効率化を最大限高めよう

大企業にあってベンチャー企業にないものはお金、実績、信用などです。では、大企業にあってベンチャー企業にもあるものは何でしょうか。

それは「時間」です。時間は誰にとっても平等に与えられた資源です。裏を返せば、これを最大限活用できなければ大企業には勝てないということです。私の印象では、始業時間を過ぎているのに社員が揃わないような会社は、何に関してもルーズで成長を期待できないことが多いです。

業務の中で無駄な時間の使い方がないかどうか、細かくチェックして改善する努力をしましょう。

社員を非効率にダラダラ働かせない

社員の時間の使い方を改善するには、コスト感覚を磨く時と同様に社長自らの実践が不可欠です。スマホやタブレットがパソコンと同等に使える時代になってきましたから、場所に縛られずに効率よく仕事ができる仕組み作りも重要になってくるでしょう。

当然ながら、「できるだけ長い時間働いてもらいたい」と法律に触れるような長時間労働を社員に強いてはいけません。社員の心身の健康を守るのも社長の役目です。ちなみに、社長の労働時間については労働基準法に規定がないのをご存知でしょうか。つまり、社長は365日24時間働いてもOKなのです。実際のところ、朝の9時から

17時までしか仕事はしないというサラリーマン的な働き方では、社長業は務まりません。

社員に休んでもらっている時にも社長は働いているものですし、深夜や週末を問わずいいアイディアが浮かべばすぐに行動に移したくなるものです。起業するエネルギーがある人は、もともとオンとオフを明確に分けずにやりたいことに没頭できる人が多いと思います。いわば、どんなに働いても苦に感じないような体質です。

ただ、それを社員にまで押しつけてはいけないということをきちんと理解し、常に意識しておきましょう。

第3章
Episode 7
まとめ

㉝忙しい時ほど社内をケアしよう
「最近、どう?」と声をかけて、社員に関心があることを示す

㉞会社の成長に適したリーダーシップとは
ステージごとに必要なリーダーシップを磨く。難しければより得意な人に任せる

㉟「掃除」と「挨拶」を大切にしよう
会社の一体感作りが大きな成長につながる

㊱オフィスはワンフロアがいい
社内の分断を起こさないためにフロアを分けない

㊲社内のコスト感覚を磨こう
社長が手本を示し、自らチェックする

㊳時間の効率化を最大限高めよう
社員に上手な時間の使い方を示し、自身はオンとオフを分けずに働く

Episode 8
緊急トラブルへの対応

震災で問われた企業としての使命

時に、企業には急発進を迫られる場面がある。その時、すぐにアクセルを踏めるかどうかで、会社の存続が決まると言っても過言ではない。ウォーターダイレクトという会社にとって、その瞬間は２０１１年3月11日に訪れた。他でもない、東日本大震災が発生した日だ。

その日、伊久間はある重要な電話を期待に胸を膨らませながら待っていた。かねてから台湾支店が交渉中だった現地のテレビショッピングとの正式契約について、最終返答が来る予定になっていたのである。決定すれば、すぐに工場を増産体制に整える必要がある。五反田本社の会議室に担当者が集まり、富士吉田の工場とテレビ電話の回線をつないだまま、台湾からの電話を心待ちにしていた。

しかし、やっとかかってきた電話は残念ながら落胆する内容だった。販売会社側が土壇場になって、「やはり水の販売に期待はできない」とNOの結論を出してきたという。何のためにスタッフを会議室に集めたのか。かなりいい線まで商談が進んでも結局NG。まだ名の知られていないベンチャー企業にとっては仕方のないことで慣れたものだが、それでもやっぱり悔しい。

気持ちを切り替えて、目の前の仕事をやるしかないな。そう思い直した矢先、ビルが大きく揺れた。地震は長く続いた。工場で停電が起きていないことを確認して安心したのも束の間、次々に入ってくる報道を見て伊久間は血の気が引いていくのを感じた。

「解約が急増するに違いない…」

水を買うことは、ある意味贅沢な消費ともとらえられる。これだけの大災害に直面して、水を買い続けようという人はどれほどいるだろうか。上場なんて言っている場合ではないのではないか。日に日にその思いを強めた伊久間は、23日午前の取締役会で淡々と切り出した。

「私自身も含めた社員の給与をカットします。当面は上場準備に向けて要する監査法人やコンサルティング会社への支払いも厳しくなるので、上場は延期します。承認してください」

彼は迷いのない目をしていたが、私を含めた他の役員たちの意見は違った。

「まだわからないじゃないか。状況は動いている。もう少し待とう」

楽天的な意見にも映る私たちの言葉に、あまり納得していないようだったが、とにかくその日は結論を先延ばしにして解散することにした。

それから2時間後、突如状況は一変した。

「社長、電話が鳴りっぱなしです！」

伊久間のもとに興奮気味に駆け寄ってきたコールセンターの責任者である木村が言うには、注文の電話が殺到しているという。原因は、午後のニュースで流れた都内の金町浄水場の放射能汚染報道。安全な水を求める新規顧客が押し寄せたのだ。特に、都心周辺からの問い合わせが多いという。

——モードチェンジだ。伊久間は、１８０度頭を切り変えた。安全でおいしい水を届けるというミッションは、これまでと何ら変わらない。

しかし、いま私たちは社会から存在意義を問われている。本当に必要としている人に安全な水を届ける。それに力を尽くすことがこの会社の使命だ。この使命を全うする姿勢を示せなければ、会社として終わりだ。

水宅配会社は他にもあるが、空になった容器をいったん回収し再利用して水を届ける方式の会社が大半のため、水の買い占めによって供給困難になっていた。つまり、使い切り容器を使用するウォーターダイレクトはこの局面で安全な水を供給できる数少ない企業だったのである。

緊急増産体制構築を阻む2つの壁

「ウォーターサーバーを作れるだけ作って、お客様に届けろ！」

月末までに借りられるだけの融資を集めて、増産体制を整えた。通常、融資決定までには時間がかかるものだが、これまで地道に築いてきた[41]銀行との信頼関係が実を結び、融資はスムーズに成立した。モードチェンジに要する資金は準備できそうだ。

もう1つ、重要なのは人である。心配していた通り、富士吉田の工場は疲弊しきっていた。山梨県でも大きな余震があった直後で、従業員たちも不安に駆

41 銀行との信頼関係を蓄積しておこう

られている。その中で、増産に理解を得なければならない。

「申し訳ないが、ゴールデンウィークまで何とか無休で働いてくれないか」

従業員を前に、伊久間は何度も頭を下げた。誰も何も言わない。工場はシーンと静まり返っていた。

「無理をお願いしているのは百も承知だ。しかし、いま本当に困っている人たちがいる。君たちの貢献に対して何も用意していないわけではない。特別ボーナスを出させてくれ」

「冗談じゃありませんよ！」

遮るように声を荒げたのは、創業以来中心となって工場を取り仕切っているスタッフの横松だった。

「お客様にきちんと商品をお届けできるかどうかもまだわからないのに、ボーナスなんて受け取れません！」

スタッフの誠実な姿勢が痛いほど伝わってきた。トップとしてやるべきことは、１人でも多くのお客様に商品を届けられる体制を整えることだった。「最大限、頑張ってほしい。私自身も工場のラインに入ってもいい」ともう一度頭を下げた。

トップは苦しい時こそ社員を鼓舞しよう

増産体制を整えている間にも注文はどんどん入っていた。これまで月に数件あればいい方だったウェブからの申込みが一晩で600件を超えるという異常事態。店頭販売でも、予約だけ受け付けて引き渡しは1カ月後という状態が続いていた。

緊急を要するお客様には、[40]サーバーを待たずに水だけ先に配送するという方法をとり、福島県と茨城県の産婦人科には水の無償提供も実施した。いま社会に貢献できてこそ、企業としての価値がある。一丸となって社会からの期待に応えてほしい。そんな想いを絶えず伝え続けた結果、社員1人ひとりのモチベーションは明らかに変わっていった。

何より社員を鼓舞したのは、ネットにあがっていたユーザーからのコメントだった。「安全な水を届けてくれてありがとう!」「近所ではどのスーパーでも品切れで困っていたので、本当に助かりました」

40
ピンチには
「柔軟性」を
発揮しよう

そんな声が寄せられているのを見つけては、社員たちは心から喜んでいる様子だった。

「見てください、社長！　こんなに喜んでもらえてうれしいですね。期待に応えられるように頑張らないといけませんね！」

誰でも人から感謝されるのはうれしいものだ。伊久間はあらためて㊴お客様からの感謝の声がもっと社員に伝わるような工夫が必要だったと気づかされた。

私はこの時の話を伊久間から聞かされるたび、出資者の1人として誇りを感じる。会社を作ることは誰でもできる。しかし、本当に長く社会に愛される会社を作ることは難しい。ウォーターダイレクトが、深く社会と関わり貢献できる企業へと成長したのはこの時だったと思う。

㊴
予想外の
トラブル発生時に
すべきこと

39 予想外のトラブル発生時にすべきこと

２０１１年3月11日に発生した東日本大震災は、私たちのライフスタイルや消費に関する価値観を大きく変える出来事でした。震災という自然災害に加えて、原発事故によって産業界に多大なる影響を与え、現在もそれは続いています。

突如として資材調達が困難となり、東日本への販売ルートが分断され、消費者の志向が急変するという事態に日本中の経営者がシフトチェンジを迫られました。ウォーターダイレクトもまさにその渦中にありました。

会社の「社会的意義」を社員と共有する

１つの報道をきっかけとして注文が殺到するという状況に、いかに対応するか。伊久間社長がこの局面を乗り越えられなければ、ウォーターダイレクトという会社の存続はなかったと言っていいでしょう。

社長自身がすぐに意識を切り替えられたとしても、社員全員がすぐに同じ気持ちになれるかどうかは別問題です。程度の差こそあれ、社員の１人ひとりも震災を身を持って体感した被災者であり、社内の意識を同じ方向に向けるのには相当のエネルギーを要したはずです。

緊急事態を迎えた時に問われるのは、その会社が存在し続ける「社会的意義」です。商品の提供を通じて自分たちが世の中に貢献できることは何なのか、自分たちだからこそできる価値あるアクションとは何かをあらためて問い直し、社員と共有するステップがとても大切になります。

一斉にアクセルを踏まなければいけない時に気合や根性も大事ですが、それ以前に想いの共有があってこそ会社は一丸となれるのだと思います。そのためにはトップが言葉を尽くし、自ら行動に示しながら訴え続けていくことが不可欠です。伊久間社長は、単においしい水だけではなく「安心・安全」を届ける会社なのだということを社員に強く訴え、現場を鼓舞しました。

お客様の声を社員に届ける

緊急事態においては、苦しい中でも社員のモチベーションを維持し続ける手腕が問われます。大きな力になるのは、世の中からのフィードバックです。伊久間社長も需要に応える体制を整える中で実感を深めたように、商品を届けた顧客から寄せられる「ありがとう」「助かった」という感謝の言葉は、他の何にも代えがたいエネルギー源になります。それも、できるだけ具体的に、どこに住んでいる誰がどのように役立ったのかイメージしやすい形で実感できるといいでしょう。

こういった顧客からの反応を、現場で汗を流す社員にわかりやすい形で伝えていくことも社長の役割だと言えます。例えば、お客様相談室に寄せられるユーザーからの声は、お褒めの言葉も批判も含めてできるだけ社員全員に開示しましょう。現場に立つ社員が「自分たちの日々の努力が、誰のために役立っているか」という具体的イメージを持つことができます。これは緊急事態に限らず、普段から実践しておくといいでしょう。人は常に金銭的な報酬だけで動くものではありません。自分たちの社会的意義・価値を確認できる機会を作る意識を忘れないでいたいものです。

結果的に、震災後の対応はウォーターダイレクトにとって、自分たちのビジョンやミッションを社員全員で体感する経験をもたらしました。この時期に社員全員で踏ん張った経験があったからこそ、その後の上場へのアクセルになったと伊久間社長も振り返っています。ピンチを乗り越えたことで、新たなステージへの道が開けたのです。

　実際にベンチャー企業を運営していると、天災、テロ、戦争、突発的な経済変動などにより、大きく翻弄される事態が発生してくると思います。グローバル経済の中では、地球の裏側で起きたことが日本のベンチャーにも思わぬ影響を与えることがあります。ベンチャー経営者は常にそのような大きな変動に対処をしていかねばなりません。その時に必要なのが、覚悟、俊敏性、そして何よりどんな困難にも負けずに前へ進む情熱なのです。

40 ピンチには「柔軟性」を発揮しよう

　ウォーターダイレクトが震災直後に直面したトラブルの中には、殺到した注文をさばき切れず、一時的にお客様に送るウォーターサーバーが不足するということがありました。

　その時に伊久間社長が発揮したのが、柔軟な対応力でした。「水だけでも早くほしい」という人に対しては、これまでのシステムにこだわらずにサーバーよりも先にボトル入りの水だけ配送するという方法をとったのです。東北方面の注文者の自宅までのルートが分断されて配送会社の支所止まりということもありましたが、それでもとても喜ばれたそうです。

この時、サーバーなしではお客様が容器から水を出せないのではないかという不安がありましたが、それには容器から直接水を出す方法を社員が動画で撮影し、ユーチューブにアップすることで対応したそうです。

いま最大限できることを柔軟にやる発想力と行動力。これも、ベンチャー企業がたくましく生き残るために欠かせない条件と言えるでしょう。

41 銀行との信頼関係を蓄積しておこう

ウォーターダイレクトが震災後の難局を乗り越えることができた理由の1つに、すぐに銀行の融資を受けられたことがあります。増産に対応できるだけの資金を即座に集められたことで、迅速に被災地の人々へ安全な水を供給することが可能になったのです。

「いざ」という行動を可能にする日頃の行い

素早い資金調達を可能にしたのは、それまでの地道な行動によって銀行との信頼関係が築けていたからに他なりません。もしも、伊久間社長がもっと金銭的にルーズで月々の資金繰りが危うかったり、返済が滞ったり、銀行への定期報告を怠っていたとしたら、融資を受けることはまず不可能だったでしょう。

この時期に至るまで、伊久間社長は一貫して資金管理に十分に意識を払い、求められずとも銀行へ月1回の報告をしてきました（通常は、四半期に1回が一般的です）。

前述の社員のモチベーションを車を動かすためのエンジンとすると、資金は燃料です。日頃の信頼関係の蓄積が、いざアクセルを踏まなければならない時に必要な燃料の調達を可能にしたのです。

第3章
Episode 8
まとめ

㊴予想外のトラブル発生時にすべきこと

社会的意義を再確認し、全社一丸となって想いを共有する

㊵ピンチには「柔軟性」を発揮しよう

その時できる最大限のことをやる発想力と行動力を発揮する

㊶銀行との信頼関係を蓄積しておこう

常日頃から重要な内外のパートナーとの信頼関係を醸成しておく

第4章

レイトステージ

出口戦略を固め、新たな「入口」へ突き進む

Episode 9

「上場する」ことの意味

ネットバブル崩壊で学んだ堅実経営

ケンコーコムは、医薬品や健康食品のインターネット販売業で成長してきた会社だ。社長の後藤玄利《ごとうげんり》は、大分県で90年以上続く製薬会社を営む創業家に生まれた。東京大学卒業後、アンダーセン・コンサルティング（現アクセンチュア）を経て家業の経営に携わり、1994年に健康食品のDM通販のための会社、ヘルシーネットを起業。2000年に現在の社名に変更し、通販サイト『ケンコーコム』を立ち上げた。13年1月、医薬品のネット販売禁止を巡る裁判で国を相手取り最高裁判決で勝訴したことでも、社会全体にインパクトを与えた会社だ。

業界の革命児とも言える後藤とは、もう古い付き合いになる。最初の出会いは、私がまだゴールドマンサックスに在籍していた頃だ。友人から勧められた健康食品をネットで検索しているうちに、その販売サイトに興味が湧き、運営会社であったケンコーコムに電話を入れたのだ。東証マザーズに㊷上場する04年よりもずっと前のことで、ファンドマネジャーを名乗る私からの突然の電話に戸惑い気味に対応していた後藤の声が懐かしい。

実直で強い信念を持つ後藤の経営者としてのスタンスは、その頃からずっと変わらない。いいものを作ることに淡々と取り組む姿勢は、彼自身がケンコーコムを立ち上げてから少なからず経験してきた移り気なマーケットトレンドの洗礼によるものかもしれない。

ケンコーコムが開設した00年は、いわゆるネットバブルが最大限に膨張して弾けた年である。後藤はそのビフォー&アフターを、嫌というほど味わった1人なのだ。ネットバブルの最盛期には企画書１枚で数億円が簡単に集まると言われたほどだ。

「こんな地味なプランじゃなくて、もっと夢のある話を打ち上げて大きなことをやってくださいよ！　その方がデカい資金が集まりやすくなりますから」

そんな言葉で背中を押すベンチャーキャピタルは少なくなかった。

㊷ まず上場するか、未上場のままか検討しよう

しかし、強気だった担当者はある日を境に別人になる。

「後藤さん、ｅコマースはもう終わりましたよ」

そんな漫画のようなことが、事実として起きていたのだ。いきなり手のひらを返されて、青ざめたのは後藤だ。言われるがままに先行して広告宣伝にかけていた２０００万円に対し、その月の売上は70万円。「倒産」の２文字が頭をよぎったが、必死で資金調達に回り、何とか難局を乗り切った。ひたすら真面目に本業に徹したケンコーコムは03年３月期に黒字化を果たし、Ｂ to Ｃのｅコマースの成功企業として先駆的存在となる。その後、[43]１年も経たないうちに東証マザーズに上場を果たしたのだった。

上場後に激変する環境で問われる平常心

上場にあたっては、専門の知識と経験を持つ〝[45]上場請負人〟を雇い、準備期間もできるだけ経営に専念するための環境を保っていた。また、[44]監査法人から提案される上場するためにやるべき山のような宿題についても、現場の機動力や経営のスピード感を失わない程度に話し合いながら取捨選択をしていた。

43 上場のタイミングを見極めよう

45 「上場請負人」に任せることも考えよう

44 証券会社、監査法人とうまく付き合おう上場という怪物に本業が飲み込まれないように気を配っていたのだ。

いざ上場して調達できる資金が増えると、新たな事業展開を始める企業も少なくないが、後藤はほとんどと言っていいほど手を広げなかった。新たに大きく投資したのは物流センターくらいだそうだ。経営者として、「あえて何も変えない」と後藤は決めていたのだ。

上場後はいろいろな意味で環境が変わる。「上場企業の社長」という肩書きは思いがけない誘惑を引き寄せるし、いきなり大金を手にしたことで物欲に目がくらみ、本業をおろそかにして会社をダメにする経営者も私はたくさん見てきた。

その点、後藤はいい意味で平常心を保っていた。あえて多額の現金を作らないようにしたというのもよかったかもしれない。国との裁判を通じて、インターネットで医薬品を販売する意義を社会全体に投げかけたのも、その事業を真面目に行ってきたリーディングカンパニーとして当然のアクションだったのだろう。

「藤野さん、市場の評価はスポットライトみたいなものだと思うんですよ」

常に熱っぽくも目の奥に冷静さを絶やさない後藤が、ふいに言った。

「市場という広い舞台にはたくさんの演者がいて、それぞれが自分の演技をしている。照明は全体に万遍なく当たるのではなく、ある時は舞台の手前右側、ある時は中央奥というようにスポットライトが位置を変えながら演者を照らす。スポットライトを追うように移動する演者もいれば、大声をあげて自分にスポットライトを向けさせようとする演者もいるでしょう」

つまり、市場が注目しているトレンドに合わせて事業を柔軟に変える企業や、市場が反応しやすいインパクトのある事業を打ち出す企業のことを例えているのだろう。なるほど、確かにそうかもしれない。

では、後藤自身はどのタイプなのだろう。

「そうですね。僕はどちらかというと、スポットライトが当たる時も当たらない時も、黙々と自分の演技をしている。そんなタイプかもしれませんね」

42 まず上場するか、未上場のままか検討しよう

株式を上場することは、多くの経営者にとって大きな目標の1つです。会社を始める時から目標に据えている人もいれば、会社の成長に従って意識するようになる人もいるでしょう。

未上場ならではの強みとは

しかし、ここであえて言っておきたいのは、上場は必ずしもすべての会社が目指すべき目標とは限らないという点です。上場するということは、会社をあまねく世の中の人々に対して公開するということです。

つまり、経営を「公」のものにする大きな転換となるわけで、会計上の公私を明確に分ける必要が生じます。よって、公私混同をやめたくない経営者には絶対に向きません。この公私混同という言葉はどこかだらしないイメージがあるかもしれませんが、むしろ、公と私を分けられないのが起業家の本来のスタイルと言ってもいいでしょう。

働く時間と休む時間を明確に分けるというより、起きている時間は常に仕事のことが頭にあって、いいアイディアが思いついたら土日関係なく働く。自宅を第2のオフィスとして、あるいはそもそも自宅を仕事場としている。日中、外で営業などの仕事をしている合間に、英気を養うために美術展に立ち寄る。起業家のワークスタイルとはそういうものです。そこに公私の明確な線引きをするのは、実はとても難しいというのは事実なのです。

しかし、こういったワークスタイルによって、柔軟かつ機敏な意思決定ができるのであれば、それはその会社にとって大きな強みであり、わざわざ捨てるべきものではないという考え方もできます。公私混同は、未上場会社の強みでもあるのです。ですから、公私混同をやめることで失われるものはないか、よく考えた上で選択しましょう。これは経営者自身の生き方に直結する大きな問題です。

上場から生まれる2つのメリット

上場するメリットについてもあらためて考えましょう。上場による最大のメリットは、「未上場時よりはるかに大きなスケールでの資金調達が可能になる」ことと、「会社の知名度が上がる」ことです。この2つの変化によって、会社の規模は大きくなっていきます。また、上場にあたっては厳しい審査を通過しなければなりませんから、会社の社会的信頼度は格段に上がり、融資も受けやすくなります。大規模な資金調達をしながら会社をどんどん大きくしていきたい――そんな成長のイメージを描く経営者には、上場はぜひ目指すべき目標になるというわけです。

逆に言えば、そのような成長戦略が頭にない場合は、上場は必ずしも目指さなくていいということになります。実際、地域密着型であえて規模を拡大せずに成功している企業はたくさんあります。上場しているからエラい、上場していないからエラくないというわけではまったくないことは強調しておきたい点です。ミカンにはミカンの、リンゴにはリンゴの魅力があるように、どちらが優れているという比較はできないのです。

自分たちの会社は上場を目指すのか、そうではないのか。経営者自身が考えるのはもちろん、設立時の出資者や協力者の意見も聞きながら、方向性を探っていきましょう。

43 上場のタイミングを見極めよう

上場を目標に据えた場合に、次に考えるのはいつ上場するかということだと思います。これはとても悩ましい問題です。なぜなら、会社の成長するタイミングや業界全体の環境、さらにマーケットの条件なども絡んでくるからです。

これには様々な意見があると思いますが、私の結論としては「船が出られる時に出るのがいい」です。マーケットにはいい時と悪い時の波があります。株価が高いタイミングで上場できたとしたら、一見会社としては資金が集まりやすいようですが、投資家からすると「高い時に買ってしまった」という印象が残ってしまいます。すると、その先の株価が伸び悩んでしまうということもあるのです。

上場の先延ばしは社員を疲弊させる

上場のタイミングが株価が高い時だろうが低い時だろうが、審査というハードルを超えたという事実そのものが、会社の信用力を高めることに変わりはなく、社員の自信にもつながります。一番よくないのは、上場すると決めておきながらズルズルと時期を先延ばしするパターンです。これでは社員が疲弊してしまいます。

一度決めた上場を取り下げて延期を決めるケースもまれにありますが、その後上場した企業を見たことがありません。おそらく社内が疲弊し、結果として売上が落ち、上場の条件が悪化してしまうのでしょう。

上場はエネルギーを使うものです。できるだけ短期で決めると心して臨んでください。

44 証券会社、監査法人とうまく付き合おう

いざ上場を目指すと決めると、上場に足る会社に整えるための準備が必要になってきます。世の中の皆さんに株式を安心して買っていただくために、「この会社は信頼できる経営をしていますよ」とアピールする材料を整えるのです。

幹事証券会社のリアルな選び方

上場にあたっての材料が十分に揃っているかチェックする門番が証券取引所であり、そこへの案内人が証券会社と考えるとよいかもしれません。上場準備でまず始まるのは、この証券会社とのお付き合いです。上場のサポートをする幹事証券会社を決めることが第一ステップです。通常、幹事証券会社は複数社名を連ねます。主幹事はＩＰＯに向けて中心的な役割を果たし、副幹事以下は上場準備期間に関してほとんどやりとりは生じません。

主幹事証券会社は、事業会社（上場しようとする会社のこと）と証券取引所を結ぶ役割を果たすのでとても重要になってきます。具体的には公開準備指導、公開審査、株式の引受・販売の３つを行います。やはり野村證券、大和証券といった証券大手は信用度が高く上場審査もスムーズに進む傾向があります。ただ、小規模のベンチャー企業の場合は残念ながら組むに至れないケースも少なくないようです。

野村や大和ほどではありませんが、ＳＭＢＣ日興証券やみずほ証券なども上場実績の高い証券会社です。実績を挙げたい小さな証券会社から声がかかることもあると思いますが、あまり実績のないところと組むと、やはり上場に至らないケースも多いようなので要注意です。

またこれはあくまで私の印象ですが、銀行系よりも証券系の会社の方が上場に関して熱心に取り組んでくれる文化があるように感じます。銀行系証券会社のトップは親会社である銀行出身者ですので、どうしても上場に関わる部門に対する思い入れに欠ける方針を打ち出す傾向があるからです。担当者との相性もあるので、総合的に判断しながらパートナーとなる証券会社を選んでいきましょう。

副幹事証券は、主幹事の補佐的な役割として株式の引受・販売を行います。数は４～５社程度が適当で、５社を超えると少し多過ぎる印象です。上場するとなると、何とかして副幹事に加わろうと、先輩・後輩や地域、銀行、取引先などを通じた様々なアプローチがあります。それで実際に会うと接待されて何となく断りにくい雰囲気になり、「少しだけならいいか」と副幹事に選定するケースが多々見られます。しかし、そこからは経営者が必要な幹事団をきっぱりと絞り込めない心の弱さを感じます。

また、いまは個人投資家のインターネット取引も活発ですから、ＳＢＩ証券や楽天証券などのネット証券をメンバーに入れておくのもお勧めです。

余談ですが、私は投資先を判断する際の参考情報の１つとして、その会社の幹事証券会社のリストをチェックすることがあります。その際、マザーズに上場している会社の幹事リストに野村證券や大和証券が副幹事として名を連ねていると「比較的リスクが少ない」と見ることがあります。

マザーズ上場時には主幹事にならなかったけれど、副幹事として遠からぬ立場で見守っている。つまり、次のステップともいえる東証二部、一部上場の際には主幹事として手を挙げる可能性を示しているのです。それだけその企業の成長を期待していることが、リストから見てとれます。

監査法人に知識ゼロで丸投げはしない

証券会社と同様に付き合いが始まるのが、会計面をチェックする監査法人です。こちらも付き合いを長く続けられるパートナーを選びたいところですが、大事なのは経営者自身が対等に議論できる基礎知識を持っておくことです。これは証券会社との付き合いにも言えることですが、まったくの知識ゼロで「お任せします」状態では、まさに言われるがままになってしまいます。

証券会社も監査法人も上場に向けての条件を少しでもよくするために、様々なリクエストを挙げてきますが、そのすべてに応えようとすると業務が煩雑になってしまうことがままあります。それくらいならまだマシですが、その結果その企業がもともと持っていたスピード感などの強みまで損なわれてしまうと本末転倒です。

そうならないためにも、経営者自身が「このリクエストは重要だから対応するが、こちらは優先順位を落としてもいい」などと判断しながら一緒に議論できるようにしておく方がベターです。

私がお勧めなのは、上場を意識するようになったら監査法人が主宰しているセミナーに参加することです。特にトーマツはベンチャー企業をサポートするセミナーに熱心です。上場を目指すために知っておくべき会計上の知識を学べるので、実際の準備を進める上で大変役立ちます。それだけではなく、同じセミナーに参加している経営者仲間と知り合え、情報交換ができます。中には、まさに上場準備進行中の参加者もいるかもしれませんので、実際に苦労している点を聞いてアドバイスを請うこともできます。

起業家同士のノウハウを交換できるネットワーク作りというのはとても大切で、あとあと大きな価値になります。特にいまはそのようなソーシャルグラフ、つまり誰とつながっているかが非常に重視される時代になってきています。積極的に人とつながって情報を集めるアクションをとる姿勢が、成功する経営者の条件になっていると思います。

45 「上場請負人」に任せることも考えよう

証券会社と上場準備を整える二人三脚の期間は、短くても2～3年。長い場合は、それ以上になることもあります。

長い付き合いなので、担当者との相性は重要です。何人とも面談して決めたという人もいますし、どうしてもうまくいかなくて途中で担当者を替えてもらったという人もいます。うまくコミュニケーションをしていくためには、先にも述べたように経営者側がある程度の知識を持って付き合っていくことが大前提になります。

また、担当者が若いと証券会社から軽視されているんじゃないかと受け取る人も少なくないようですが、私はそうは思いません。若手が投入されるということは、証券会社がその部門を大きく伸ばそうとしている意志の表われだと解釈できるからです。

年齢にこだわらず、誠意を持って取り組んでもらえているかどうかを重視しましょう。

１つの証券会社内の２つのチーム

あらかじめ知っておきたいのは、証券会社は上場に臨む上で性格の異なる２つのチームで動いているという点です。１つは営業チームで、事業会社の上場モチベーションを上げようと行け行けドンドンの立場。もう１つは審査チームで、いざ上場する時に条件に足るかどうか事業会社を厳しくチェックする立場。

同じ会社でも役割がまったく異なるので、ずっと営業チームとやりとりをしていて、はじめて審査チームと話すと「なぜこんなに冷たく厳しいんだ」と感じるかもしれません。ですが、そういうものなのだと事前に知っておくと戸惑うこともないでしょう。

上場請負人はどこにいる?

上場準備期間の証券会社とのやりとりは、結構な時間と手間を取られるものです。ケンコーコムの後藤社長がそうしたように、専門のスタッフを雇う選択肢もあります。一般的にはあまり知られていませんが、それが「上場請負人」という立場で上場準備の実務を専門に仕事をしている方々です。

企業にとって上場準備業務というのは期間限定のプロジェクトであり、また通常の財務とは異なる専門知識を要するため、上場準備実務のみを請け負う契約で働くプロが求められるのです。彼らは上場準備に立ち合う形で数々の会社を渡り歩き専門分野での経験が豊富なので、「A証券会社と上場するならキーパーソンはこの人」といったチーム戦略上の知識も持っています。

ただ、上場請負人という肩書きの名刺を持って配っているわけではありません。人づてに評判を聞いて紹介してもらうのが普通のようです。知り合いに上場経験のある経営者がいたら、お勧めの上場請負人を聞いてみるのも手ですね。

「知り合いに上場企業の経営者なんていません」という人も、知り合う努力をしてください。知り合いの知り合いの知り合い…という風に紹介をお願いしていけば、必ず目当ての人に出会えます。日本にある3600社の上場企業のうちおよそ1000社は若い経営者が指揮する会社です。1000人のうちの1人でも知り合う努力ができないとしたら、それほど上場に対して本気ではないということでしょう。

上場請負人を探すためのもう1つの手段は、主幹事証券会社に紹介をお願いすることです。この場合、証券会社側にとっても業務を進めやすい人を紹介されるでしょうから、物事が早く進む可能性があります。

もちろん、上場準備業務を人任せにせず、経営者自身で進めていくことも可能です。もともと財務の知識が豊富であったり、勉強する意欲が高い人は向いていると思います。しかし、少しでも本業である経営をおろそかにしてしまう不安があるのなら、何らかの形で周囲のサポートを請うのが賢明です。

なぜなら、上場準備の間に本業の仕込みが手薄になり、その結果上場後に成長スピードが減退してしまうケースがよくあるからです。これは、例え人に任せたとしても多少は起こってしまうことなので注意をしておきたい点です。

第4章
Episode 9
まとめ

㊷まず上場するか、未上場のままか検討しよう
公開上場だけが選択肢ではない。「後悔」上場にならないために方向性をしっかり確認する

㊸上場のタイミングを見極めよう
船が出られる時に出るのがいい。先延ばしは社内が疲弊する

㊹証券会社、監査法人とうまく付き合おう
上場作業のパートナーである主幹事証券会社と監査法人に丸投げせず、基礎知識を持って対等に議論しよう

㊺「上場請負人」に任せることも考えよう
上場企業の経営者や主幹事証券会社に紹介してもらう

Episode 10

公開上場までの長い道のり

まずは上場にふさわしい体制へと整えよう

２０１３年３月15日。この日は伊久間の人生にとって記念すべき１日となった。いや、それはウォーターダイレクトという会社がこの世に生まれる前から見守り続けてきた私にとっても、同じくらい思い出深い日となった。

会社設立から６年と５カ月。ついにウォーターダイレクトは、上場を果たしたのだ。言うまでもなく、上場するということは会社が多くの人々の投資対象になるということであり、広く社会全体に価値ある事業を展開し、利益という結果を出していく責任を引き受けることになる。その責任は重いゆえに、上場への手続きも決して簡単ではない。

上場そのもののステップは、主幹事証券会社と証券取引所の間の事前確認を経て上場を申請する。次に、面談によるヒアリングや事業所の実地調査などを含めた上場審査を通れば上場承認となる。そして、株式公開日の価格決定のための調整を経ていよいよ公開となる。通常は上場の申請から公開まではおよそ100日のスケジュールで進むのだが、申請に至る前の社内準備には2年ほどかけるのが普通だ。

大変なのはこの社内準備の段階で、株式上場に値する会社へと整えるために不都合な問題が噴出するケースが少なくない。例えば、資産を整理するプロセスでオーナー社長の愛人の住宅を会社名義で保有していたことが判明し、慌てて処理する……なんていうのは本当によくある話だ。

歴史がある会社ほど、誰も手がつけられないような不可解なしがらみが明るみに出て上場担当者が頭を抱えるものだが、幸いまだ企業として歴史の浅いウォーターダイレクトには大きな問題は浮上しなかった。それは、単に会社の若さという理由だけではなく、社長である伊久間が資金調達で苦労した経験から常に「説明責任の果たせる会社作り」を念頭に置いた経営を貫いてきたからだろう。

上場までの社内準備は、主幹事証券会社の主導で進むのが普通だが、証券会社側の担当者との相性は重要だ。伊久間の場合、レスポンスのスピードを重視していたようだ。上場準備はある意味特殊な作業の連続でもあるので、この時期に専任の担当者を採用する経営者も少なくない（Episode 9で触れた「上場請負人」はそれに当たる）。

だが、勉強熱心な伊久間は「上場に必要な知識は決して特別なものではない。勉強すれば誰でも習得できるテクニックだ」と、自分自身で引き受けていた。これも1つのやり方だろう。先ほど述べたように、04年の東証マザーズ上場時、ケンコーコムの後藤社長は優秀な専任者を受け入れて、自身はできるだけ本業に専念するという方法をとった。自社に合う方を選択すればいいだろう。

審査、承認、価格決定に必要なタフネス

ウォーターダイレクトの上場審査は順調に進み、めでたく上場承認の決定通知が届いたのが2月12日。その後は、価格決定のために機関投資家を社長自ら訪問して[46]プレゼンし、価格についてのヒアリングをする「ロードショー」と呼ばれる行脚が続く。期待を持って迎え入れられる場合もあれば、芳しくない

46
投資家を惹きつける
プレゼンをしよう

反応が返ってくる場合もあり、精神的なタフさが要求される。プレゼンテーションの場数を踏んでいる伊久間は訪問そのものにストレスを感じなかったようだが、いざ㊼価格をどうするかの調整では、証券会社と自身の考える額に相違があり、忸怩《じくじ》たる思いもしたようだ。

公開日に鳴り響いた待望の鐘

そうして迎えた3月15日の朝。伊久間は、私と同じく取締役の村口と主幹事証券会社である野村證券本社で8時30分に待ち合わせていた。やや緊張している面持ちで、目が赤い。調子を訪ねると、「寝ないといけないと思ったのに、2時に目が覚めちゃいまして。それから寝つけなくて6時から大手町のコンビニで時間を潰してたんですよ」と笑った。

まず担当者に案内されて通されたのは、野村證券が誇る立派なディーリングルームだった。私たちが到着するとほぼ同時に、目の前の電光掲示板に流れたのは「本日公開されるウォーターダイレクト様です。上場おめでとうございます」という歓迎の文字だった。同時に、１００人近いディーラーが一斉に立ち

㊼ 株価と上手に付き合おう

上がって拍手喝采を送る。思わず胸が熱くなる光景だった。

その後、東京証券取引所に移動してセレモニーが始まった。会場に入るなり、伊久間は小さく「あっ」と声にした。視線の先を辿ると司会者が、笑顔を向けている。聞けば、伊久間の高校時代の同級生なのだという。

「東証の広報部長をやっているとは伝え聞いていましたが、まさかここで再会できるとは…」

セレモニーが始まる前、その司会者は伊久間に近づき、短くも温かい言葉をかけた。

「待っていたよ」

思わぬところで旧友と会えた喜びに、伊久間は感無量のようだ。

公開当日はセレモニーや取材などが続き、流れるように1日が終わる。当事者である社長は、その対応で忙しくほとんど感傷に浸る暇がないらしい。例えるなら、結婚式当日の新郎新婦のようなものだろうか。一方で、私や村口のような立ち会いの取締役は新郎新婦の親族のようなもので、気持ちにゆとりがあるから感動に浸りっぱなしである。

上場記念の鐘を叩く伊久間社長

セレモニーでは、上場通知書と記念の木槌、商売の神様と言われるマーキュリーが彫られた銅製の楯が手渡された。この木槌を使って、五穀豊穣を祈願して鐘を5回叩くのが慣例となっている。

カーン！　高らかに鐘を鳴らしながら、伊久間のまぶたの裏に浮かんでいたのは、社員1人ひとりの顔だった。

上場はゴールではない！

公開を控えた前日、伊久間は全社員を集めてメッセージを伝えていた。上場はあくまでステップであり、ゴールではないこと。㊾㊿上場後はより気持

49 上場後の誘惑に気をつけよう

50 上場後1年は節約経営をしよう

ちを引き締めて、それぞれの職務をまっとうしてほしいこと。売上１０００億円を目指して、㊽努力を続けていくこと。

ひと通り述べたあと、伊久間は震災後のピンチを何とか乗り越えて社内がようやく落ち着き、上場を見据えた準備が始まりかけた頃のエピソードにも触れた。それは、５周年パーティーで社員たちが『あの鐘を鳴らすのはあなた』という唄を歌ってくれた話だ。「あの鐘」とは、まさにいま鳴らしたこの鐘を指している。上場へ向けて一緒に頑張っていこうという応援歌と受け取り、今日この日までつらい時の支えにしてきたという。

セレモニーを終えてようやく感傷に浸りかけた時、伊久間の携帯が鳴った。店頭プロモーション営業の担当者からのメールだ。タイトルが「緊急」となっている。

――社長！　大変です。店頭販売中のアルバイトが店先で座り込んで、店長がお怒りです！

一気に現実に引き戻された。やれやれ、現場の仕事は今日も変わらないな。

伊久間は少し苦笑いしていつもの表情に戻り、担当者へ電話をかけた。

48
上場後のIRは積極的に

46 投資家を惹きつけるプレゼンをしよう

株式を公開上場するプロセスは、会社を世の中に公開していくプロセスです。上場審査をパスするために社内の体制を整える、社内全体で上場に向かうエネルギーを維持するなど、社長にとってはハードな日々が続くかもしれません。

過酷なロードショーで決まる公募価格

上場経験のある経営者たちから「あれはしんどかった」という声がよく聞かれるのが、上場直前に行われるロードショーというステップです。ロードショーとは、上場審査をパスしたあとに、はじめに売り出す株価の価格（公募・売出価格）を決定するために機関投資家を回る会社説明プレゼン会のことです。日本では映画作品が各地の映画館を回るイメージと重ねて、ロードショーと呼ばれています。

このロードショーで機関投資家をヒアリングして、「上場予定の会社にどれほど関心があるか」「株式を買うとしたらいくらくらいが適正であるか」という需要の動向を探った上で、証券会社が公募価格を決めることになっています。ここで社長がすることは、ひたすら機関投資家へのプレゼンテーションです。自分たちの会社がどんな事業をしていて、いかに将来性があり、投資に値するか、ということを訴えるのです。

プレゼンは苦手で……という人にとっては、ストレス極まりない時間でしょう。しかし、もともと生まれつきプレゼンが得意という人はまれです。どんなに慣れているように見える人でも、９割以上は努力で身につけた技術と思っていいでしょう。プレゼン力は持って生まれたものではなく、自分次第でいくらでも向上させられるテクニックだと思って、ぜひ努力をしてください。

知られていなくても落ち込まない

プレゼンといっても、考え方はシンプルです。初対面の相手に丁寧に自己紹介するというスタンスで、準備をすればいいのです。簡単なようですが、実は初対面の相手にという点を意外に忘れがちです。機関投資家は常に新しい成長株を見つけようと目を凝らして市場を精査しているので、将来性のある我が社のことは当然知っているはずだ——多くのベンチャー起業家はそんな風に考えがちです。自分たちがやってきたことに自信と誇りがあるからこそ、そう思ってロードショーに臨みます。

しかし、実際のところは思っているほど周りは自分たちのことを知りませんし、関心を寄せていません。そのギャップに失望し、腹立たしささえ感じる経営者は少なくないようですが、所詮はそういうものです。人の関心事は常に移り変わるものですし、熱い経営者ほど取り組んでいる事業に対する自己評価は高くなるので、周囲の見方とのギャップはどうしても生じてしまうものなのです。ですから、機関投資家からの反応がイマイチだとしても、「そんなものである」とはじめから腹を括っておくことが、無用なストレスを抱えないコツと言えます。

最初の10分間で印象づける

その上で、短時間で効果的に魅力を伝えるプレゼンテーションを意識して準備をしましょう。これは資金調達の際のプレゼンにも通じることですが、勝負は最初の10分間です。10分話をして相手の関心を引きつけられなければ、ほとんど聞いてもらえません。

ベンチャー企業は、経営者自身が会社そのものと受け取られると言っても過言ではありません。登場の仕方や座り方なども含めて、最初の10分間で相手にどう自分を印象づけるかをよく考え、戦略を立てていきましょう。話すべきことは、ごくシンプルに「ビジネスモデル」と「ビジョン」です。自分たちの事業がいかに長期的な利益を生むかという点を強調すると、投資家に響くと思います。

それと同じくらい重要なのが「印象」です。まずは清潔感。今後も付き合いを続けてもいいという合格点をもらうことが大切です。服装も重要で、かしこまった場だからと一律にダークスーツである必要は必ずしもなく、自分の会社らしさが伝わる服装を選ぶといいでしょう。

もう１つ、私がよくアドバイスするのは「プレゼン前には歯を磨け」ということです。清潔感につながるのはもちろんですが、歯を磨くことで心が落ち着くので、過度の緊張がほぐれます。ちょっと緊張する相手に会う時にはお勧めです。

47 株価と上手に付き合おう

ロードショーが終了し、いざ公募価格が決まる段階になると、ほとんどの経営者はショックを受けることになります。

「うちの会社の値段はこんなに安いのか！」

証券会社の担当者に思わず詰め寄ってしまう人もいるかもしれません。しかし、ここでもあえて言いましょう。「そういうものです」と。

予想よりも株価が低くなる2つの理由

公募価格が想定よりも低くなってしまうのは、構造的に当然のことです。1つには、新規上場の公募価格においては「ＩＰＯディスカウント」と言って、想定される時価総額に対して一定のディスカウントをするのが普通なのです。価格決定から上場まで数週間の期間を要するので、そのタイムラグのリスクを埋めたり、より多くの投資家の関心を集めたりする狙いがあります。

もう1つの理由は、やはり経営者自身の過大評価です。自分たちのやってきたことは、他のどこの企業にも負けない新規性と将来性がある！　そんな情熱があるからこそ、実際の評価に対しては「どうして市場はわかってくれないんだ」という失望を感じることがほとんどなのです。

そういうわけで、公募価格は想定よりも低くなるものだと肝に銘じておきましょう。

株価はあなたの評価ではない

株価と上手に付き合っていく姿勢は、上場後にますます重要になってきます。最も大事なことは、「株価＝自分自身の評価」とは絶対に思わないことです。熱心な経営者ほど、株価が下がるとまるで自分自身が世の中から否定されているような錯覚に陥るようですが、それはまったく違います。株価はあくまで会社につけられるものです。

株価は売買によって決まるものなので、ついている限り正しいと見ることができます。下がる時には下がる理由があり、上がる時には上がる理由があるという意味で、株価は嘘をつかない指標です。

しかし、株価は常に動いており、「ここで決まり」と確定することはありません。常に変動しているという点において、実態をとらえているようでとらえていないのであり、常に正しくないと見ることもできます。

株価とは正しくもあり、正しくないものなのです。その両面を冷静に理解した上で真摯に受け止め、驕らず、腐らず、株価を現実の数字として向き合うスタンスが大切だと思います。

48 上場後のＩＲは積極的に

上場後に思ったように株価がつかない時、「どうして市場はちゃんと評価してくれないんだ」と苛立ちを感じてしまうことがあるかもしれません。

しかし、ちょっと考えてみてください。株を買ってもらうための十分な努力をしているでしょうか。「ちゃんと真面目に事業をやっているよ！」と自信を持って反論できる人でも、その自信をきちんと伝える努力はあまりしていないかもしれません。

投資家へのアピールを工夫する

日本には約３６００社の上場企業があります。株式市場を巨大なスーパーマーケットと見立ててみると、１つ１つの上場企業はスーパーの棚に並ぶ商品です。商品の数は全部で３６００。入口近くの目立つスペースにはトヨタ自動車やパナソニックなど大企業がどーんと構えていて、名もなきベンチャー企業が並ぶのは奥の方の目立たない棚です。数ある商品の中から買ってもらうためには、まず手に取ってもらうためのアピールが必要であることは明白です。

そのための投資家向け広報を、ＩＲ（インベスター・リレーションズ）と言います。企業が投資家に経営状況や財務状況、業績動向に関する情報を発信する活動のことです。つまり、常に投資家に対するアピールを積極的にしておく必要があるのです。例えば、アニュアルレポート（年次報告書）というものがあります。これは、株式を上場・公開している企業が機関投資家や主要取引先に向けて事業年度の節目ごとに作成する事業報告書で、最近ではインターネットで閲覧できる企業も増えてきました。

しかし、残念ながら日本企業のアニュアルレポートはまだまだ魅力的なものが少ないのが現状です。せっかくこれだけ通信インフラが普及している時代なのですから、動画を駆使するなどもっと見る人の感覚に訴えかける工夫をしたらいいのにといつも思います。必ずしも紙で印刷する必要はなく、最近はオンラインのアニュアルレポートも増えてきています。これなら低コストで作ることも可能です。

外資系企業のアニュアルレポートはとても参考になるので、ぜひ見ておくといいでしょう。例えばＩＢＭ、コカコーラ、ゴールドマンサックス、アルコアなどはお勧めです。他にも有名な誰でも名前を聞くような会社のを見てみるとよいと思います（企業名と「annual report」で検索するとすぐに見つかります）。私が特にいいと思う点は、レポートの社内紹介の部分で現場でイキイキと働く社員たちの様子が豊富に取り上げられている点です。日本企業のレポートには社員の登場例が少なく、写真があったとしても仏頂面の役員のポートレートだけとちょっと残念なものだったりします。

アニュアルレポートに限らず、多くの人が閲覧する機会のあるホームページも市場に対するＰＲツールであると意識して、ブラッシュアップしていきましょう。

株主の期待を直に探り出す

もう１つお勧めなのが、「株主と顔を合わせる機会を作る」ということです。経営者からすると、株主には「何だか叱られそう」「どこを見ているのかわからない」などどこか実態のない印象を抱きがちで、ともすると敵対的な気分になってしまうこともあります。しかし、当然ながら株主の１人ひとりは生身の人間であり、投資している以上「この会社を応援したい」という期待を持っているあなたの応援団なのです。

株主総会を開催して実際に投資家と顔を合わせる機会を作ると、投資をする立場としてどんなことを期待しているかがわかり、求められているアクションもより具体的に理解しやすくなるでしょう。

49 上場後の誘惑に気をつけよう

上場したら周囲の態度が180度変わった。そんな実感の声を経営者から頻繁に耳にします。

上場企業の社長という肩書きは、実に様々な誘惑を連れてくるものです。まず、間違いなく贈り物が増えます。上場したとなると、例えば蘭の花が届いたり、他にもいろいろなものを会社や社長個人にくれる人が現われます。もちろん常識的な範囲内のものは受け取ってもかまいませんが、明らかに高価なものは受け取らずにお返しした方がよいと思います。

また付き合いを始めたいと考える取引先から接待のお誘いも増えるでしょう。経営者は交遊も仕事のうちですから、大切にしたい相手との付き合いは深めていく必要があります。ただ、本業がおろそかにならない程度に、自分なりの線引きをしておくことが大切です。

男性経営者の場合、突然女性にモテ始めるという変化もあるかもしれません。これは結構注意が必要です。昔からよくモテた人は問題ありませんが、あまりモテ慣れていない人は急に女性が寄って来ることに戸惑ったり、女性に溺れてしまう可能性もあります。往々にして経営者という人種はエネルギーがあって人間的にも魅力ある人が多いので、モテが加速し出すと止まりません。こちらも、本業をおろそかにしない心がけが重要です。

上場後に手持ちのキャッシュが増えることで、お金に溺れてしまう経営者もいます。六本木や銀座のクラブでお金を撒くような人も本当にいます。ノリのいい経営者仲間からの誘いも増えるでしょうし、「上場したんだから」と気が大きくなって奢る機会がつい多くなったりと、お金の使い方が激変してしまう人もいます。

反社会的勢力は正面からやって来る

最も気をつけなければならないのは、反社会的勢力からの誘惑です。こういう方々は、意外なことに裏口ではなく正面玄関から堂々と入ってきます。お世話になったことのある先輩の知り合いの紹介など、近くはなくとも遠からぬ関係性をチラつかせて近づいて来るのです。おかしいと気づいた時点で深入りせず、適当にいなして関係を絶つようにしなければいけません。

上場後は様々な誘惑が多くなるもの。そのことをあらかじめよく理解し、冷静に対処する心づもりをしておきましょう。

50 上場後１年は節約経営をしよう

㊾でも説明したように、上場後は世間からの見られ方が変わります。経営者自身も会社のステージが格段にステップアップしたような気分になり、会社のお金の使い方にも変化が生まれることが少なくありません。

上場後２年目の悲しいジンクス

上場後によくあるのがオフィスの移転です。上場を機に、雑居ビルのワンフロアからピカピカの高層商業ビルの上層階にお引っ越しなんていう話はよく聞きます。備品もグレードアップします。ペラペラの2色刷りだった名刺がハードなコート紙のフルカラーロゴマーク入りの立派なものに変わったり、仕出し弁当が梅から松に変わったり、ささやかなグレードアップが至る所で見られます。移転を機に机やイスまで新品の高級品に総入れ替えなんて会社もあります。

上場したのだからという気持ちはわからないでもありません。しかし、健全な経営という面では、「上場後1年はガマンしよう」というのが私からの助言です。なぜなら、上場後2年目には業績が落ちるというジンクスがあるからです。業績が落ちる理由は3つあります。

1つは、会社全体の気が緩むからです。上場には数年に渡る準備期間があり、無事に上場するまでは社員も緊張感を持って仕事をしていますが、それが達成された途端に会社全体がほっと一息つきます。そのほっとした雰囲気は日々の営業活動にも影響し、わずかながらも仕事に緩みが生まれてしまうのです。その緩みは、月に50件とっていた契約が49件になる程度のわずかなものかもしれません。しかし、これが営業全員に及べば、会社全体として2％の売上減になります。

2つ目の理由は、コストが上がるからです。オフィス移転や備品のグレードアップが積み重なると、10％以上のコストアップにもなりかねません。売上減とコスト増が組み合わさるとどうなるか、想像はつきますよね。

３つ目の理由は、社長の仕込み不足です。社長は常に2〜3年先の経営を見越して、その仕込みをしているものですが、上場準備期間中はどうしても手が回りにくくなってしまうものです。その影響が出てしまうのが、上場後2年目というわけです。

以上が、上場後2年目に業績がダウンする企業が少なくないと考えられる理由です。市場に評価されてから経営が悪化する局面を迎えるのは非常にハードです。このジンクスになるべく当てはまらない状況にするために、上場後1年は節約経営をするのがお勧めです。心機一転するためにオフィスの環境だけでも変えたいという場合でも、広いオフィスに引っ越してもビルのグレードは同等にするなど、バランスをとるといいでしょう。

殺到する採用応募には冷静に

気をつけたいのは採用面です。上場後は会社の知名度と信頼性が上がりますから、募集をかけると上場前にはあり得なかったような優秀な人材が応募してくるようになります。

「社長、見てください。こんな有名大学の学生から何人も応募が来ています。優秀な人材がたくさん採れそうです！」

こんな風に人事担当者から報告されると、採用で苦労をしてきた経営者としては嬉しくなって「全員まとめて採用しちゃおう！」などとつい豪語したくなります。ですが、この気持ちをぐっと抑えて、採用人数は計画を超えない範囲にとどめましょう。

もちろん、会社のことをよく知った上で夢を持って応募してくる人もいるでしょうが、上場後に殺到する人は上場企業の知名度や安定性にぶら下がりたいというモチベーションであることが多く、下方修正要因の1つになりかねません。

あなたが大事にすべき人材は、上場する前からずっと二人三脚をしてきた中の人たちなのです。

第4章 Episode 10 まとめ

㊻投資家を惹きつけるプレゼンをしよう

機関投資家は忙しいので、最初の10分で「ビジネスモデル」と「ビジョン」を印象づける

㊼株価と上手に付き合おう

公募価格は予想よりだいたい低くなる。上場後は株価を無視せず、株価に振り回されずほどよく向き合う

㊽上場後のＩＲは積極的に

会社のよさを投資家に伝える工夫をする。株主は敵視せず、株主総会で期待を探り出そう

㊾上場後の誘惑に気をつけよう

本業がおろそかにならないように、金遣い、交友関係などのプライベート部分に気をつける

㊿上場後１年は節約経営をしよう

上場で気が大きくなって投資や採用を急速に行うと、しっぺ返しに遭う

起業する前に読んでおきたい本

起業する前に、どのような本を読んだらよいか悩むと思います。その際に、いくつかの観点からお勧めの本を紹介します。もちろん、いまベンチャー経営者として七転八倒されている方にも役立つでしょう。これらの本を読むとひと通りの知識や情報が手に入ります。これら以外にも起業家関連の本にはたくさんの良書があり、とても興味深いものが目白押しですので、気の向くままに読んでください。読書家であることは成功の第一歩です。

起業家関連

『不恰好経営』(南場智子/日本経済新聞出版社)
『起業家』(藤田晋/幻冬舎)
『僕はミドリムシで世界を救うことに決めました。』(出雲充/ダイヤモンド社)
『LEAN《リーン》 IN《イン》』(シェリル・サンドバーグ/日本経済新聞出版社)

起業論関連

『はじめの一歩を踏み出そう』（マイケル・E・ガーバー／世界文化社）
『ベンチャー創造の理論と戦略』（ジェフリー・A・ティモンズ／ダイヤモンド社）
『アントレプレナーの教科書』（スティーブン・G・ブランク／翔泳社）
『リーン・スタートアップ』（エリック・リース／日経BP社）

ベンチャーキャピタリスト関連

『起業のファイナンス』（磯崎哲也／日本実業出版社）
『私はこんな人になら金を出す』（村口和孝／講談社）
『現役経営者が教えるベンチャーファイナンス実践講義』（水永政志／ダイヤモンド社）

おわりに

上場に至るまでのこれらのストーリーを読んで、どう思われましたか。

自分にもできるだろうか？？？？　もしくはこれならできるのではないか？？？

様々な感じ方があるでしょう。また、実際に会社経営を行っている人は身につまされたり、共感したりすることも多々あったと思います。1つ1つのエピソードに、それぞれの学びを詰め込みましたので、皆様のお役に立てば幸いです。

私は未上場企業と上場企業の両方に投資を行なっています。未上場企業への投資家の立場からすれば、上場は「出口」に当たります。しかし、上場企業への投資家の立場からすると、上場は明らかに「入口」なのです。経営者の立場からしても、会社の上場はゴールではありません。資本市場（株式市場）に産声をあげたということに過ぎず、創業に匹敵する別の意味での誕生の瞬間だと言えます。

これから多くの投資家の目にさらされることになり、不特定多数の人たちが株式を自由に売買することができる世界に入りこむわけです。株主総会も開かなければいけません。どんな人が出席するかもわかりません。機関投資家が訪問してきて、様々なインタビューの依頼も出てきます。ある時には、海外から外国人投資家がやって来たりして面食らうこともあるでしょう。「ああ、これが公開ということなんだ」と。

会社に対する期待も否が応にも高まります。仕入先や顧客の信頼も未上場の時とは明らかに変わるし、人材の採用も順調になります。新規顧客の獲得も、より容易になるでしょう。それが上場の威力です。

私は本書を通じて、起業の楽しさ、会社を発展させる難しさ、社員をまとめていくことの重要性や困難さなどを伝えたいと思いました。マネジメントは大企業やベンチャーを問わず、とても重要なスキルです。特に創業経営者は営業のプロであったり、特定業務の専門家であったりすることが多く、一般的にマネジメントをすることが好きな人は少ないという傾向があります。

しかし、多くの創業経営者が失敗する原因は、資金繰りや採用の失敗、パートナーとの確執、社員とのコミュニケーション不足から来るものが圧倒的です。私自身も、これらのことで大変痛い思いをしました。この本で全部を網羅できているとは思いませんが、ベンチャーに起こりがちなことを書き込みました。本書を読みながら、ぜひ読者の皆さんに私の過去の出来事を自分事として追体験していただき、イメージを膨らませていただけると幸いです。

＊　＊　＊

起業家は大変です。世界情勢は混沌としているし、日本経済は全体的に必ずしも大きな成長が見込めるわけではありません。コンプライアンスや従業員に対する手厚いサポートを求められながら、激しい競争に勝ち抜かなければいけません。ベンチャーへの偏見や蔑視は減ってきたとはいえ、いまだに根強く残っています。就活学生の大企業神話は強固で、なかなか優秀な人材を獲得することは難しい面もあります。

しかし、そのような環境でもベンチャー企業を起こす意義は何でしょうか。それはやり甲斐以外の何ものでもありません。困難なタスクを解決しながら、1つ1つステップアップして社会に認められていくことは本当にエキサイティングです。高杉晋作の「面白き事もなき世を面白く」という辞世の句は、まさにベンチャー起業家のためにあるような言葉です。閉塞感のある（と思われている）いまの日本の中で何かインパクトを与えたい、あわよくば世界に影響を与えたいと思うような人にとっては起業というのは最も魅力的な選択肢です。

レオス・キャピタルワークス、ウォーターダイレクト、ケンコーコムの3社はいまもリアルに生きて戦っている会社たちです。決して完成しているわけではなく、挑戦し、傷つき、小さな勝利と挫折を繰り返しながら前に向かっています。あわよくば世界へという気持ちを持っていますが、志半ばで倒れてしまう可能性すらあります。

これらの企業のその後についても、ぜひ追ってみてください。会社は日々進化しますが、残念ながら退歩することもあります。それもまたリアルストーリーです。本名で語っているのも、そのような現実的な生々しさを伝えたかったからです。

＊＊＊

この本を書くにあたっては、株式会社ウォーターダイレクト社長の伊久間努さん、ケンコーコム株式会社社長の後藤玄利さん、株式会社バオバブ社長の相良美織さん（レオス・キャピタルワークスのファウンダーの1人）にインタビューの時間と献身的な協力をいただきました。ここで感謝を申し上げたいと思います。

さらにベンチャーキャピタルの運営で汗をかいている株式会社バリュークリエイトの佐藤明さん、三富正博《みとみまさひろ》さんとは、投資や自分たちの会社運営を通じてベンチャー企業について学んできました。今後も、ともに学ばせてください。

また実務教育出版の編集の佐藤金平さん、それから編集協力をしていただいた宮本恵理子さんには感謝の言葉もございません。私自身、非常にあわただしい業務をしているので、その中で粘り強く対応していただいた佐藤さんの情熱がこの本を生み出す原動力であったことは明らかで、ここで深く感謝を申し上げます。

起業はどんなに事前に準備をしても、すべてのリスクを除去することができません。いや、そのようなリスクがあるからこそチャンスがあるのです。この本を読んで、やはりベンチャー企業を始めてみようという人は思い切ってやってみるのもありです。なぜなら、いまあなたがいるその場所が長期的に見ると安全であるのか、幸せであるのか保証できないからです。

最後に思い切ってスタートをする時の魔法の言葉をお送ります。

エイヤ。

ご武運をお祈りします。

藤野英人

２０１３年９月

藤野英人（ふじの ひでと）
投資家。ファンドマネージャー。1966年富山県生まれ。早稲田大学卒業後、野村證券、JPモルガン、ゴールドマン・サックス系の資産運用会社を経て、2003年にレオス・キャピタルワークスを創業。取締役・最高運用責任者(CIO)として、成長する日本株に投資する「ひふみ投信」を運用し、高パフォーマンスをあげ続けている。2012年、2013年にはR&I社の日本株投信のファンド大賞で、それぞれ最優秀賞、優秀賞を獲得。「お金」や「投資」を通して、株式会社や日本社会、世界経済のあるべき姿を模索し続けている。主な著書に『スリッパの法則』（PHP研究所）、『日経平均を捨てて、この日本株を買いなさい。』(ダイヤモンド社)、『投資家が「お金」よりも大切にしていること』（星海社）ほか。明治大学講師、東証アカデミーフェローも務める。

「起業」の歩き方

2013年 9月30日　初版第1刷発行

著　者　藤野英人
発行者　池澤徹也
発行所　株式会社 実務教育出版
〒163-8671　東京都新宿区新宿 1-1-12
電話　03-3355-1812（編集）　03-3355-1951（販売）
振替　00160-0-78270

印刷／精興社　　製本／東京美術紙工

ISBN978-4-7889-1069-0　C0034